미국
부동산이
답이다

이메일 vegabooks@naver.com   **홈페이지** www.vegabooks.co.kr
블로그 http://blog.naver.com/vegabooks
인스타그램 @vegabooks   **페이스북** @VegaBooksCo

미국 슈퍼리치들의 부동산 투자 따라잡기

미국 부동산이 답이다

김효지 지음

위기에도 돈 버는 미국 1% 부동산 부자들의 전략

베가북스
VegaBooks

경제적 자유를 향한
뜻밖의 해답

나는 21년 동안 미국 현지에서 부동산 전문가로 활동하며, 미국은 물론 한국에서 미국 부동산 투자를 하는 투자자들에게도 현지 미국인들이 누리는 미국 부동산 투자의 실질적인 혜택을 고스란히 전달해왔다. 하지만 한국 투자자들 대부분이 미국 부동산의 투자 핵심원리를 너무나 모르고 있다는 사실을 깨달았다. 그래서 미국 부동산 투자의 가장 큰 매력인 '현금흐름의 무한한 가능성과 미국의 세금 혜택을 활용해 자산을 모으고 키워나가는 원리'를 한국 내 잠재적 미국 부동산 투자자들에게 알려야 하겠다는 필요를 느꼈다.

그동안 한국에서 미국 부동산 투자에 관한 최신 동향과 실전 전문 내용을 다룬 책을 찾기는 어려웠다. 특히 미국 부자들이 실제로 활용하는 핵심원리를 다룬 전문 서적은 전혀 찾아볼 수 없었다. 그래서 미국에서 부동산 부자들이 누리는 부의 혜택을 한국에서도 똑같이 누릴 수 있다는 것을 알리고 싶은 열망에 《미국 부동산이 답이다》의 집필을 결심했다.

한국 부동산 투자의 특징이 자본이익에 중점을 두는 것이라면, 미국 부동산 투자는 지속적인 수동소득을 창출하는 현금흐름에 중점을 두는 것이 특징이다. 한국의 경우, 17억 원짜리 아파트의 월세 수입이 170만 원 정도라고 치자. 그 17억 원(2022년 1월 15일 기준 142만 달러)을 미국 조지아주에 투자하면, 월세 수입은 원화로 1,000만 원에 이른다(35만 달러의 집x4채, 월 임대료 2,100달러x4채=8,400달러). 주마다 약간의 차이는 있지만, 미국 전역의 월세 비용이 한국보다 높기에 미국 부동산의 큰 장점인 현금흐름을 파악할 수 있을 것이다.

미국 부동산에 관심을 두는 한국 투자자들은 대부분 이런 막대한 현금흐름의 가능성에 감탄하고, 미국 투자자가 누리는 세금 혜택에 놀라기도 한다.

2006년 한국의 해외 부동산 투자 자유화 이후 미국 부동산은 가장 안전한 투자처로 주목받아왔다! 이젠 한국에서 얻을 수 있는 미국 부동산 투자 수익만 생각할 것이 아니라, 한 발자국 더 나아가 미국 부동산 투자에서 현지인들과 똑같은 혜택까지 누리며 그들과 똑같이 부를 쌓는 방식에 주목해야 한다. 반드시 미국에 거주할 필요도 없다. 서울과 부산 혹은 제주에 살면서도 똑같은 혜택을 통해 부를 쌓을 수 있다.

나는 이 책에서 한국에서 미국 부동산을 취득하는 방법, 보유하는 과정과 매각 과정에서 알아야 하는 세금 혜택과 투자 전략, 그리고 어떻게 한국인 국적으로 현지인들과 같은 혜택을 최대한 누릴 수 있고 그들과 똑같이 부를 쌓을 수 있는지를 실제 사례를 바탕으로 쉽게 설명하고자 한다.

지난 21년 동안 미국 부동산 구매자-투자자 수만 명의 다양한 사례를 경험하고, 1,300채 이상의 부동산 거래를 성사시키면서 알게 된 부의 전략! 그것은 바로 미국 부동산 투자 핵심원리인 '미국 부동산 매트릭스'다. 이 책을 통해 미국 부동산 부자들이 실제로 활용하는 미국 부동산 투자의 핵심원리 '미국 부동산 매트릭스'를 귀띔하려 한다. 코로나 팬데믹 이후로 급변하는 세계, 미국 부동산 투자 방법도 과거의 진부한 내용에서 벗어나 현재의 트렌드와 함께 변화해야 한다.

⇨ 어떻게 자산가치 상승을 극대화할 수 있나?

⇨ 어떻게 미국의 세금 혜택을 활용해 자산을 증식할 수 있나?

⇨ 어떻게 현금흐름을 극대화할 수 있나?

⇨ 어떻게 부채를 활용해 자산을 증식할 수 있나?

미국 부동산 투자! 그 놀랍고 무한한 가능성으로 여러분 인생의 터닝포인트를 만들 수 있기를 바란다.

Contents

Contents

1장

왜 부동산에
투자할까?

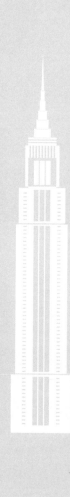

투자하는 사람들의 마음은 다양하다. 현재 수입으로는 미래에 대한 설계가 막연하기 때문이거나 은퇴에 대한 염려, 저축보다 나은 경제적 이익, 자녀들의 높은 교육비에 대한 준비, 질 좋은 삶을 영위하고 싶은 욕구…. 이런 미래의 꿈을 실현하고 편안한 삶을 영위하기 위해서는 재정적인 자유가 필요하며, 투자는 이러한 목표를 달성하기 위한 필수항목이다.

2022년 전 세계 경제를 뒤흔든 인플레이션은 돈의 가치를 떨어트렸으며, 이는 앞으로의 우리 삶의 질을 악화시키고 말 것이다. 하지만 우리는 시간의 흐름에 따라 계속 커져만 가는 인플레이션을 통제할 수 없다. 그렇다면 지금 가지고 있는 돈으로 미래에도 현재와 같거나 더 나은 삶을 영위할 수 있을까?

그렇지 않다. 반드시 더 많은 돈이 필요할 것이다. 돈은 모아두기만 해서는 자라지 않기 때문에 물가가 오르는 만큼 내 돈이 같이 성장하거나, 혹은 더 많이 성장해야만 미래에 더 나은 삶을 살 수 있다. 따라서 인플레이션을 고려하면 투자야말로 필수다.

여러분의 주요 투자 방식은 정기예금이나 고정예금, 주식, 펀드, 부동산 등일 것이다. 나는 다른 투자의 방향을 귀띔하고 싶다. 미국 부동산이다. 그 투자의 핵심원리와 투자 수익성, 부동산시장의 흐름에 맞는 투자와 성공적인 투자 방식 등을 알게 된다면 누구에게나 안정적이고 훌륭한 투자의 해답이 될 것이다.

미국 부동산 투자를 본격적으로 설명하기 전에 미국 부동산의 개념을 명확하게 정리할 필요가 있다. 1장에서는 미국 부동산의 기본 개념과 땅의 속성, 그리고 왜 우리가 부동산에 투자하는지 정리했다.

01
부동산이란 무엇인가?

우리가 왜 부동산에 투자해야 하는지 논하기 전에 기본적으로 부동산의 개념을 정리할 필요가 있다. 부동산이란 무엇인가?

부동산(Real Estate)이란 땅을 포함하며, 지표상에 있는 물이나 나무, 건물, 주택, 울타리나 다리부터 지하의 광물, 석유, 천연가스 등의 권리와 땅 위의 대기권(Air Right)까지 그 모두를 포함하고 있다. 자연적이나 인위적인 변화와 관계없이 땅에 귀속됐거나, 연관된 것들의 영구적인 개선(Improvement)을 총괄한다. 여기에는 부동산 소유권에 관한 이익이나 혜택, 권한, 상속 등도 모두 포함된다.

다시 말해서 부동산은 땅과 땅에 귀속된 건물과 자연 그리고 그것에 포함된 권리와 소유권 등으로 요약할 수 있다.

또 다른 의미의 부동산은 부동산 소유권에 포함된 이익과 혜택, 권리다. 흔히 재산(Property)을 말할 때는 부동산과 개인자산(Personal Property)으로 나누어서 표현한다. 부동산은 움직이지 않는 부동(Immovable)의 재산이고, 개인자산은 부동산 이외의 모든 재산을 말한다. 개인자산은 땅에 영구적으로 귀속되지 않으며, 대부분 이동이 가능하다.

예를 들자면 집이나 땅, 건물 등은 부동산이라 하고, 차나 보석, 가구, 주식, 채권 등을 개인자산으로 부른다. 개인자산은 매매증서(Bill Of Sale)로 소유권 이전이 가능하며, 부동산은 양도증서(Deed)로 소유권 이전과 등기를 할 수 있다는 차이도 있다.

또 개인자산은 유형(Tangible)자산과 무형(Intangible)자산으로 나누어진다. 유형자산은 볼 수 있고 만질 수도 있는 물리적인 형태를 가진 것으로 차, 보석, 가구 등이 이에 속하며, 무형자산은 볼 수도 만질 수도 없는 추상적인 것으로 채권, 주식, 특허 등이다.

부동산은 움직이지 않는 부동의 재산이면서 유형자산에 속한다.

02
땅의 주요 속성은 무엇인가?

부동산 투자에서 반드시 알아야 하고 부동산 시장에서도 중요하게 다루는 땅의 속성에 대해 정리를 해보려고 한다. 먼저 땅의 세 가지 물리적인 특성에 대해서 알아보자.

첫째, 땅의 부동성(Immobility)이다. 땅은 현재 위치에서 다른 위치로 이동할 수 없다. 개선이나 긴설은 가능하지만 땅 그 자체는 이동할 수 없으며 어떠한 물리적인 수단으로도 이동할 수 없다. 따라서 땅의 위치는 가격과 수요, 가치에 큰 영향을 미친다. 재산세도 땅의 위치에 따라 바뀔 수 있다.

둘째, 땅의 불멸성(Indestructibility)이다. 땅을 파괴할 수는 없다. 주변 환경에 따라서 땅의 가치와 모습은 달라질 수 있지만, 설령 집이나 건물이 파괴되더라도 땅과 땅의 가치는 그대로 유지된다.

셋째, 땅의 고유성(Uniqueness)이다. 시장에서 각각의 땅은 고유하다. 각각의 땅 위치나 형태가 같아 보일지라도 서로 다른 것이다. 예를 들어 비슷하게 생긴 두 땅이 나란히 있더라도 하나가 다른 땅보다 고속도로에 가까울 경우 땅의 가치가 다를 수 있다. 이러한 위치의 차이는 각각의 땅의 고유성을 잘 보여준다.

또, 땅은 네 가지의 경제적인 특성이 있다.

첫째, 희소성(Scarcity)이다. 땅은 무한정으로 있는 게 아니다. 이 특성이 땅의 가치에 상당한 영향을 미친다. 뉴욕이나 로스앤젤레스, 서울같이 인구가 많고 땅이 희소할수록 부동산의 가격은 높아진다.

둘째, 개선(Improvement)이다. 땅에 대한 개선이 자산가치에 긍정적 또는 부정적 영향을 미칠 수 있다. 예를 들어, 집에 수영장과 울타리, 조경 등을 추가하면 집의 가치가 높아진다. 반면, 집 주변에 공장이나 발전소가 건설되면 주변 땅 가치가 하락하게 된다.

셋째, 투자의 영속성(Permanence of investment)이다. 땅을 개선하는 데 사용한 자본은 땅에 영구히 귀속된다. 건물을 파괴할 수 있더라도 배수나 전기, 수도와 하수도 시스템 같은 개선은 제거가 힘들기에 영구적인 경향이 있다.

넷째, 지역 선호도(Area Preference)다. 지역 선호도는 역사나 편리성, 평판 같은 많은 요소를 기준으로 결정된다. 예를 들어 좋은 학군과 범죄율이 낮은 지역의 집은 더 높은 가격을 요구한다.

왜 부동산에 투자할까?

부동산 투자란 부동산을 대상으로 미래의 더 큰 수익을 위해 현재의 대가를 희생하는 것이라고 정의한다. 왜 사람들은 부동산에 투자할까? 부동산 투자는 다른 투자와 비교해서 예측 가능한 현금흐름이나 세금 혜택, 부채를 활용한 부의 창출 등의 장점이 있다. 그렇다면 부동산을 좋은 투자로 간주하는 이유는 무엇일까?

첫째, 부동산은 높은 유형자산 가치를 가지고 있다. 보거나 만질 수 있는 유형자산이라 언제든지 돈으로 바꿀 수 있는 안전자산이라고 볼 수 있다. 무형자산인 주식과 비교해 보면 경제가 불황일 때 주식의 가치는 한순간에 사라질 수 있지만, 부동산은 유형자산이기에 항상 돈으로 환수할 수 있다.

둘째, 부동산은 시간이 지남에 따라 가치가 상승한다. 물론 부동산 시장이 침체기일 때는 일시적으로 가치가 하락할 수는 있어도, 회복기를 맞아 가치가 올라가는 부동산 시장의 사이클이 반복하며 부동산의 가치는 결과적으로는 꾸준히 상승한다.

셋째, 부동산은 개선으로 가치를 올릴 수 있다. 수영장 같은 편의시설을 추가하거나 부엌이나 욕조 등을 개선해서 구입한 가격보다 훨씬 더 높은 가격으로 팔거나 높은 임대료를 받을 수 있다. 유형자산이기 때문에 개선을 통해 그 가치를 늘릴 수 있는 것이다.

넷째, 순자산(Equity)의 증가로 부를 축적할 수 있다. 부동산담보대출금을 상환하거나 자연적인 가치의 상승으로 시간이 지날수록 순자산은 증가한다. 그에 따라 더 많은 부채(레버리지)를 활용해 추가로 부동산을 구입하는 것으로 현금흐름과 자산가치를 늘려 부를 축적할 수 있다.

다섯째, 투자의 다각화를 위해 부동산을 추가하는 경우다. 다각화된 자산 투자에 부동산을 추가하면 투자의 변동성과 위험을 낮추고 좀 더 안정적으로 수익을 창출할 수 있다.

여섯째, 부동산 투자는 다른 자산에 비해 레버리지(Leverage)를 쉽게 얻을 수 있다. 부동산은 유형자산이라 융자를 쉽게 사용할 수 있는 장점이 있으며, 부동산에 투자할 때 일정 부분의 부채를 지렛대로 삼아 수익률을 높일 수 있다. 예를 들어 구입하려는 집 가격의 20%만 본인 자금을 투자해도 나머지 80%는 모기지 론(Mortgage Loan)이라는 지렛대를 활용해 집을 구입할 수 있다.

일곱째, 부동산에 투자하면 인플레이션의 위험에서 자산을 보호할 수 있다. 현명한 투자자는 돈의 현재 가치가 아니라 미래 가치로 생각하기 때문에 인플레이션의 위험을 분산하기 위해 부동산에 투자한다. 인플레이션 시기에 부동산에 투자하면 투자한 돈의 가치가 떨어지는 것을 보호하는 동시에 부동산의 가치상승을 꾀할 수 있어 리스크 헤지(Risk Hedge) 전략으로 부동산에 투자하는 경우가 많다.

여덟째, 부동산 투자는 수동소득을 창출한다. 부동산 투자는 현금흐름을 예측할 수 있어 부동산을 보유하는 동안 수입의 극대화나 비용의 절감을 통해 지속적인 수동소득을 창출할 수 있다. 적절한 시장가격으로 임대료를 정하거나, 인플레이션을 고려해 임대료를 인상할 수 있다. 또 부동산 시장 사이클에 맞춰서 수동소득을 현명하게 조절할 수도 있다.

아홉째, 대부분의 투자는 현금흐름을 예측할 수 없지만, 부동산 투자는 현금흐름을 예측할 수 있다. 여기서 현금흐름은 모기지 론 원금을 상환하고 운영비용을 공제한 후 부동산 투자에서 얻는 순이익이다. 순자산의 증가와 시간의 흐름, 자연적-인위적인 자산가치의 상승으로 인한 임대료 상승을 통해서 현금흐름이 증가한다.

열째, 부동산 투자를 하면 세금공제와 세금 혜택을 받을 수 있다. 따라서 투자자는 이 두 가지를 이용해 과세소득을 낮출 수 있다. 일반적으로 부동산의 보유, 운영, 관리를 명목으로 합리적인 비용을 공제할 수 있다. 또 부동산을 구입한 뒤, 주거용 부동산의 경우 27.5년, 상업용 부동산의 경우 39년 동안 건물의 감가상각을 인정받아 과세소득을 낮추는 데 도움이 된다. 또한, 부동산을 매각할 때 발생하는 양도소득세(Capital Gains Tax)도 동종자산교환(1031 Exchange)이라는 미국의 세금 혜택을 활용해 평생 연기할 수 있다.

이외에도 부동산 투자를 좋은 투자로 간주할 수 있는 이유가 많지만, 대표적으로 위의 열 가지로 요약해보았다.

부동산 투자는 자산증식, 현금흐름, 세금 혜택, 인플레이션으로부터 자산을 보호하는 아주 큰 장점이 있다. 하지만 유동성의 부족, 즉 환금성이 낮은 단점이 있다. 단숨에 거래가 끝나는 주식이나 채권 거래와 다르게 부동산 거래는 몇 달이나 걸릴 수 있기 때문이다.

2장

사전에 확인해야 할
부동산 유형과
등급

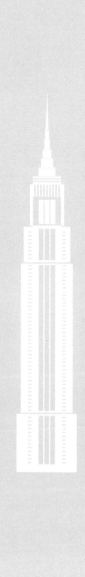

01
내게 알맞은 부동산은 뭘까?
다양한 미국의 부동산 종류

현명한 부동산 투자를 위해서는 투자를 고려하는 지역의 다양한 부동산 유형을 반드시 알아야 한다. 투자하려는 부동산의 유형에 따라 투자의 미래가 결정될 수 있으며 또한 각각 다른 방식으로 투자 수익을 창출할 수 있기 때문이다.

그럼 투자를 시작하는 데 도움이 되도록 미국 부동산의 주된 4가지 유형을 알아보자.

[1] 거주용(Residential) 부동산

거주용 부동산은 가장 많이 알려져 있고 접근하기 비교적 쉬운 유형으로, 최다 거래량을 가지고 있어 가장 안정적이라고 볼 수 있다. 거주용 부동산의 종류로는 단독주택, 타운하우스, 콘도, 코업, 다가구주택 등이 있다.

1. 단독주택(Single Family Home)

단독주택은 독립된 주거용 건물로 본인 소유의 단일 부지에 공유 벽 없이 단독으로 설계된 주택이다. 차고가 주택에 붙어 있거나 분리되어 있다. 이 유형의 주택은 더 많은 독립된 사생활과 공간을 제공하며, 마당의 활용도 독립적이다.

또한 다른 유형의 주택들과 비교하여 좀 더 안정적인 재판매 가치(Resale Value)를 유지할 수 있으며, 단독주택을 임대하는 세입자의 대부분이 가족을 이루고 있어 재정적으로 안정적이며 오랜 기간 임대하는 경향이 있다. 그러나 주택의 유지, 관리비용이 다른 유형의 주택들에 비해 더 많이 필요하다.

◎ 전형적인 2층 주택(Traditional Two Story House)

◎ 랜치 하우스(Ranch House)

◎ 스플릿 포이어 스타일(Split Foyer Style)

◎ 스플릿 레벨 스타일 (Split Level Style)

2. 타운하우스(Townhouse)

타운하우스는 한두 개의 벽을 공유하지만, 자체 출입구가 있는 단층 또는 다층 주택 스타일의 연립주택이다. 단독주택과 콘도의 요소가 합쳐진 것으로 작은 마당을 가지고 있다. 차고가 있거나 없는 경우도 있다.

도시 내의 새로운 타운하우스 단지나 교외의 타운하우스 단지에는 주로 주택소유자협회(HOA; Homeowners Association)가 있어서, 주거자들은 주택소유자협회의 규정을 준수하며 정해진 관리비(HOA Fee)를 내고 수영장이나 테니스 코트, 놀이터 같은 공동 구역에 대한 사용과 조경, 잔디 관리 등의 서비스를 받는다. 주택의 외벽이나 지붕까지 주택소유자협회가 관리하기도 한다. 도시 내의 오래된 타운하우스 단지는 주택소유자협회가 없는 경우도 있어, 단독주택처럼 모든 관리를 직접 하기도 한다.

타운하우스는 같은 지역에 있는 단독주택과 면적이 비슷하더라도 가격이 좀 더 저렴하거나 유지 관리가 편리한 장점이 있지만, 단독주택에 비해 덜 독립적일 수 있고 주택소유자협회의 규정이 좀 더 까다로울 수 있는 단점이 있다.

◉ 랜치 스타일의 타운하우스(Ranch Style Townhouse)

◉ 전형적인 2층 타운하우스(Two Story Townhouse)

◉ 전형적인 3층 타운하우스(Three Story Townhouse)

3. 콘도(Condo)

콘도미니엄(Condominium)이라고도 하는 콘도는 개별 유닛(Unit)이 있는 주거 단지로, 각 유닛은 개인 소유다. 따라서 세입자가 콘도를 임대할 경우, 콘도 소유자로부터 직접 임대를 하는 것이다. 콘도 소유자는 개별 소유 유닛 내의 유지 관리와 수리, 개선에 책임이 있으며, 공동 구역과 건물의 편의시설 및 콘도 단지 외부의 유지 관리는 콘도 주택소유자협회의 규정에 따라 주택소유자협회가 주체적으로 관리한다. 이를 위해서 콘도 소유자는 한 달에 한 번 정해진 관리비를 내야 한다. 콘도의 주택소유자협회 규정은 타운하우스의 주택소유자협회 규정보다 훨씬 엄격하며, 주택소유자협회의 관리 범위가 더 넓어서 주택소유자협회 관리비 역시 타운하우스의 관리비보다 대부분 비싼 편이다.

단독주택과 비교해서 콘도의 장점은 추가 편의시설과 저렴한 유지·관리비, 경제성과 함께 주택 소유권을 가진다는 것이다. 다운사이징을 원하는 경우나 단독주택의 가격이 높은 도심 지역에서 처음으로 주택을 매입하려는 생애최초 주택 구매자에게 적당하다. 반면 주택소유자협회의 엄격한 규정과 제한 사항을 준수해야 하며, 개인 전용 야외 공간은 대부분 없으며 공용 공간과 벽을 공유함으로 사적인 개인 생활을 영위하는 부분에서 다소 제한적이라는 단점이 있다.

○ 하이라이즈 콘도(High-rise Condo) : 도심에 위치한 주로 9층 이상의 콘도

미국 부동산이 답이다

◎ 미드라이즈 콘도(Mid-rise Condo) : 도심에 위치한 주로 5층~9층 정도의 콘도

◎ 로우라이즈 콘도(Low-rise Condo) : 주로 1층~4층 정도의 콘도

4. 코업(Co-op)

Cooperative Home의 줄임말인 코업은 일반적으로 콘도나 임대 아파트의 형태이지만, 전통적 거주 형태인 타운하우스나 다세대 주

택의 형태도 있다. 하지만 이들과 다른 점은 소유권의 차이다. 콘도는 각 유닛을 개인이 소유하지만, 코업은 모든 주민이 참여하는 하나의 법인이 공동 소유한 건물이다. 그래서 코업을 매입하는 것은 부동산을 매입하는 것이 아니라 그 거주지에 거주할 수 있는 비영리 법인의 지분을 개인적으로 구입하는 것이다. 따라서 코업 거주자는 건물의 지분은 가지고 있지만, 소유권을 얻을 수는 없다.

코업에 사는 모든 사람은 주주로 간주하며 거주하는 건물의 크기에 따라 지분이 결정된다. 모든 거주자가 건물의 특정 지역을 공유-이용할 수 있고 건물을 유지 관리하는 비용과 책임도 분담한다. 그리고 코업은 거주자들을 위한 규약(By-Laws)을 제정한 이사회에 의해서 운영된다.

코업은 일반적으로 대도시에서 콘도보다 좀 더 저렴하며, 건물의 지분을 가지기 때문에 임대 아파트에 거주하는 세입자의 경우와도 다르다. 하지만 이사회와 내부 규약에 따른 제한 사항과 신청 절차가 엄격하기 때문에 매입 시 신중한 결정이 필요하다.

5. 다가구주택(Multi Family Home)

일반적으로 다가구주택의 정의는 광범위하게 타운하우스, 콘

도, 임대 아파트 건물, 듀플렉스(Duplex), 트리플렉스(Triplex), 포플렉스
(Fourplex)와 같이 단독주택의 형태를 제외한 둘 이상의 주택 단위가
포함된 주거용 부동산이다. 여기서는 다가구주택 중 거주용 부동산
에 해당하는 듀플렉스, 트리플렉스, 포플렉스를 설명하고자 한다.

듀플렉스와 트리플렉스, 포플렉스 모두 한 건물에 여러 유닛이
있는 다가구주택이다. 모든 형태에서 각 유닛은 벽과 지붕을 공유하
지만, 별도의 출입구와 유틸리티 계량기가 있으며 내부 연결이 없다.
유닛은 단층으로 나란히 배열되거나 복층으로 배열되기도 한다.

◉ 듀플렉스

◈ 트리플렉스

◈ 포플렉스

소유자는 유닛 중 하나에 거주하고 다른 하나를 임대할 수도 있고 혹은 유닛 모두를 임대할 수도 있다.

위에서 설명한 여러 가지 다가구주택 가운데 포플렉스까지는 거주용 부동산으로 간주하여 주택담보대출을 받을 수 있고, 다섯 개 이상의 유닛이 있는 다가구주택은 상업용 부동산으로 간주하여 상업용 융자 대출을 받아야 한다.

또 이러한 듀플렉스나 트리플렉스, 포플렉스는 주로 오래된 대도시나 지역에 분포된 경우가 많고 신도시일 경우 대부분 타운하우스 형식의 다가구주택이 분포된 경우가 많다.

[2] 상업용(Commercial) 부동산

상업용 부동산은 사업 또는 소득 창출을 목적으로 특별하게 사용되는 부동산을 의미한다. 상업용 부동산의 종류에는 다섯 세대 이상의 다가구주택, 사무용 건물, 쇼핑몰, 쇼핑 센터, 소매점, 호텔, 셀프 스토리지, 주차장, 주유소 등 아주 다양하다.

1. 5세대 이상의 다가구주택(Multi Family Residents)

거주용 임대 부동산으로 다섯 세대 이상의 거주용 부동산은 상업용 부동산에 속한다. 다른 사람들에게 임대하여 소득을 창출하기 위해 투자자가 소유하는 경우이며, 미국의 임대 아파트 대부분에 해당한다.

a) 가든 아파트(Garden Apartment)

가든 아파트는 주로 교외 지역에 많이 분포되어 있다. 일반적으로 1~3층 높이의 야외 스타일 아파트로 정원에 있는 느낌을 주는 녹

○ 가든 아파트

지 공간이 많은 편이며 수영장, 체육관, 테니스 코트 같은 편의시설들이 있다. 주차장의 형태는 대부분 야외 주차장이다.

b) 저층 아파트(Low-Rise Apartment)

저층 아파트는 1~4층 높이의 아파트로 대부분 엘리베이터가 없는 계단식이지만, 엘리베이터가 있는 예도 있다. 주로 교외 지역에 분포되어 있다.

ⓞ 저층 아파트

c) 중층 아파트(Mid-Rise Apartment)

5~11층 정도의 아파트로 보통 한 대의 엘리베이터가 있고, 주로 도시 중심에 분포되어 있다.

◉ 중층 아파트

d) 고층 아파트(High-Rise Apartment)

12층 이상 높이의 아파트로 여러 대의 엘리베이터가 있고, 주로 도심 중심에 분포되어 있다.

○ 고층 아파트

2. 사무용 건물(Office Building)

미국의 상업용 부동산 중 20%가 사무용 건물이지만 상업용 부동산 중에서 가장 변동성이 큰 유형이라고 볼 수 있다. 사무용 건물의 가치는 임차인 선정이나 임대료 인상 및 비용 절감 등의 개선을 통한 임대 순운영소득에 따라 결정된다.

a) 가든형 사무용 건물(Garden Office Building)

가든형 사무용 건물은 주로 교외 지역에 많이 분포되어 있다. 일반적으로 1~3층 높이의 건물로서, 단층으로 넓게 지어진 형식으로 독립된 출입구가 있는 가든형 오피스 콘도로 된 구조, 혹은 하나의 출입구를 사용하고 복도를 기준으로 별도의 출입구가 있는 복층 구조의 형식으로 된 구조다. 복층일 경우는 계단을 이용하는 경우가 대부분이다.

◎ 가든형 사무용 건물

b) 저층 사무용 건물(Low-Rise Office Building)

저층 사무용 건물은 1~3층 건물로 대부분 엘리베이터가 없는 계단식이지만, 엘리베이터가 있는 예도 있다. 주로 교외 지역에 분포되어 있다.

◎ 저층 사무용 건물

c) 중층 사무용 건물(Mid-Rise Office Building)

4~24층 정도의 건물로 한 대 혹은 여러 대의 엘리베이터가 있고, 주로 도시 중심에 분포되어 있다.

◎ 중층 사무용 건물

d) 고층 사무용 건물(High Rise Office Building)

24층 이상의 건물로 여러 대의 엘리베이터가 있고, 주로 도심에 분포되어 있다. 타워 급의 초고층 사무용 건물은 40층 이상의 건물 이라고 볼 수 있다.

◎ 고층 사무용 건물

3. 쇼핑몰(Shopping Mall)

미국의 쇼핑몰은 대형 백화점들이 한 장소에 집합된 초대형 쇼핑몰로 규모가 엄청나게 크고 각종 식당과 거대한 주차장이 동반된다. 실내 폐쇄형이 대부분이다.

a) 지역쇼핑몰(Regional Center)

총매장면적은 대략 40만~80만 제곱피트 정도며, 우리에게 익숙한 평수로는 대략 11,240~22,480평이다(1평은 대략 35.58제곱피트). 주로 8~24㎞ 반경에 있는 고객을 유치한다. 전자 상거래의 대두로 많은 지역쇼핑몰이 문을 닫고 있으며, 앵커 테넌트(anchor tenant, 거점 매장, 이후 앵커로 표기)도 공실이 늘어나고 있다. 지역쇼핑몰의 미래를 위한 용도 변경이 절실히 필요하다고 볼 수 있다.

b) 초대형 지역쇼핑몰(Super Regional Center)

총매장면적이 80만 제곱피트(22,480평)를 훨씬 웃돌며, 주로 8~40㎞ 이내의 고객을 유치한다. 조지아주 뷰포드(Buford)에 있는 몰 오브 조지아(Mall Of Georgia)는 총매장면적 1,845,186 제곱피트로 평수로는 대략 51,850평에 달한다.

◎ 몰 오브 조지아

4. 쇼핑센터(Shopping Center)

위에서 설명한 쇼핑몰은 소매점이 서로 마주하는 중앙 통로의
형태가 대부분 폐쇄형이지만, 쇼핑센터는 폐쇄된 복도가 없다. 소매
점 전면은 공동 통로로 연결되며 형태는 일반적으로 일자형, L자형,
U자형으로 되어 있다. 거대한 주차 공간을 포함하고 있다.

a) 네이버후드 센터(Neighborhood Center)

가장 일반적인 유형의 쇼핑센터로 주로 일자형 구조로 되어 있
으며 개방형이다. 일반적으로 1개의 앵커가 있고, 주로 식료품, 약국,
스낵과 다양한 편익시설[1]이 있다. 주요 앵커는 대형 식료품점이 된

---

1   편의점이나 UPS Store, Mail Box Store 등

다. 주로 5㎞ 이내의 고객을 유치한다. 총매장면적은 대략 3만~15만 제곱피트 정도로 평수로는 843~4,215평 정도다.

◐ 네이버후드 센터

b) 커뮤니티 센터(Community Center)

네이버후드 센터보다 더 넓은 범위의 쇼핑센터로, 다양한 소매점이 있고 쇼핑센터 중 가장 모양과 크기가 다양하며 개방형이다. 일반적으로 2개의 앵커가 있고 식료품점, 대형 약국, 할인 매장 등이 포함되며 네이버후드 센터와 마찬가지로 다양한 편익시설이 있다. 주로 5~10㎞ 이내의 고객을 유치한다. 총매장면적은 대략 10만~30만 제곱피트 정도로 평수로는 대략 2,810~8,430평이다.

◎ 커뮤니티 센터

c) 파워 센터(Power Center)

총소매매장면적에서 75~90%가 앵커 전용 공간일 경우, 이를 파워 센터라고 한다. 파워 센터는 온전히 앵커로 구성되거나 경우에 따라 몇 개의 작은 소매점을 포함하기도 한다. 8~16㎞ 이내의 고객

◎ 파워 센터

을 유치하며 총매장면적은 대략 25만~60만 제곱피트 정도로 평수로는 대략 7,025~16,860평에 해당한다.

d) 아웃렛 센터(Outlet Center)

아웃렛 센터에는 앵커가 없지만, 유명 브랜드의 높은 할인율로 인해 미국에서 가장 인기 있는 쇼핑센터다. 주로 40~120㎞ 반경의 고객을 유치할 수 있으며 총매장면적은 50만~40만 제곱피트 정도이고 평수로는 대략 1,405~11,240평의 다양한 크기를 보여준다.

○ 아웃렛 센터

5. 호텔(Hotel)

호텔은 숙박 사업에 기반을 둔 상업용 부동산 유형이다. 에어비앤비의 등장으로 사업에 다소 충격을 받았지만, 공생을 통해서 위기를 빠져나왔다. 하지만 코로나 이후로 부동산 유형 중 가장 부정적인 영향이 많았던 유형이기도 하다. 호텔은 규모나 위치, 서비스 시장과 소유권에 따라 분류할 수 있다.

가장 먼저 호텔의 규모에 따라 초소형부터 소형, 중형, 대형, 메가급으로 분류한다. 200개 이하의 객실이라면 초소형, 최대 200개까지의 객실을 가진 호텔은 소형, 200~399개의 객실인 호텔은 중형, 400~700개의 객실을 가진 호텔은 대형, 700개 이상의 객실을 가진 경우는 메가급으로 나눌 수 있다.

호텔의 위치에 따라 다음과 같은 유형으로 분류할 수도 있다.

공항 호텔: 공항 근처에 있으며 단기 체류가 필요한 환승객을 위한 호텔이다.
시티 센터(City Center): 상업 지역 근처, 도심에 있는 호텔이다
모텔(Motel): 보통 고속도로 근처에 있는 작은 호텔을 의미한다.
리조트 (Resort): 해변이나 산, 강가, 스키장 등에 있는 호텔이다.

호텔의 서비스 시장에 따라 다음과 같은 유형으로 분류한다.

공항 호텔: 비즈니스 고객, 항공사 승객, 항공편이 취소되거나 지연된 고객을 대상으로 하는 호텔이다.

비즈니스 호텔: 출장을 온 직장인을 대상으로 운영한다.

카지노 호텔: 카지노 고객을 대상으로 운영한다.

리조트 호텔: 도심에서 벗어나 휴가나 여가를 즐기고자 하는 고소득 위주의 고객을 대상으로 운영한다.

셀프 케이터링 호텔(Self Catering Hotel): 주로 장기 투숙을 목적으로 하는 고객을 겨냥해 부엌을 만들어 취사가 가능한 것이 강점이다.

스위트(Suite) **호텔**: 거실이 딸린 구조로 비즈니스 목적으로 투숙하는 고객에게 좀 더 전문적이고 개별적인 공간을 제공한다.

컨벤션 센터 호텔: 객실과 회의 공간이 결합한 곳으로 넓은 이벤트 공간을 보유하고 제공한다.

호텔의 소유권에 따라 개인이나 기업의 소유로 나눌 수도 있다.

가장 일반적인 호텔 유형인 체인 호텔(Chain Hotel)은 전 세계적으로 수만 개의 호텔을 소유하고 있으며, 대부분 거대 기업이 운영한다. 미리 정해둔 기업 규율에 따라 엄격하게 운영, 관리한다. 반면 소규모 호텔이나 취사 기능한 호텔은 대부분 개인 소유로, 엄격한 규율에 따라 운영이나 관리를 하지는 않는다.

6. 셀프 스토리지(Self Storage)

셀프 스토리지는 '셀프 서비스 스토리지'를 줄인 용어로 개인이나 회사가 물건을 보관할 장소를 임대하는 상업용 부동산 유형이다. 코로나로 인해 셀프 스토리지는 지난 2년간 기록적인 성장을 했으며 투자처로 급부상했다. 그 배경으로는 원격 근무와 재택근무 형식의 도입으로 미국 내 인구 이동이 활발해졌고 이로 인해 2021년 셀프 스토리지의 임대료가 역사적 최고치에 도달한 것이다.

코로나 이후 많은 사람이 안전성과 경제성을 고려해 비싼 도심을 떠나 교외 지역으로 이동하며 작고 저렴한 도시를 선호하게 되었다. 이러한 인구의 움직임은 2022년 이후에도 계속될 것으로 보고 있다. 따라서, 셀프 스토리지는 선벨트(Sun Belt[2]) 지역뿐만 아니라 게이트웨이(Gateway[3]) 시장 근처의 소규모 도시에서 안정적이고 활발한

---

2   미국 남동부와 남서부를 가로질러 뻗어 있는 지역으로 최근 급속한 인구 유입을 기반으로 다른 지역의 도시들보다 빠르게 성장하고 있다.
3   건전하고 다양한 경제 활동, 인구밀도 및 거주자 선호도 측면에서 투자자가 최상위 계층으로 간주하는 대도시 또는 지정된 시장 지역.

상업용 부동산 유형이 될 것으로 예상한다.

셀프 스토리지는 다양한 크기의 옵션이 있어 원하는 크기를 선택할 수 있으며, 온도 조절 여부로 나뉜다. 온도 조절이 가능한 셀프 스토리지는 온도와 습도를 계절별로 조절할 수 있어 고온과 습기로 인해 발생하는 문제를 방지할 수 있다. 주로 귀중품이나 개인 물건을 보관하는 데 좋다. 일반적으로 건물 내부에 위치해서 적절한 온도를 유지할 수 있다.

온도 조절이 불가능한 셀프 스토리지는 온도와 습도를 계절별로 조절할 수 없어 내부 온도 변화가 더 크다는 단점이 있다. 야외 가구

◉ 셀프 스토리지

나 스포츠 장비 등 큰 온도 변화로 인해 손상이 없는 것들을 보관하는 데 적합하다. 주로 독립형이며 차고와 같은 기능을 한다.

[3] 산업용(Industrial) 부동산

산업용 부동산은 상업용 부동산같이 업무용으로 사용하지만, 부동산을 사용하는 특정 방식으로 인해 별도의 부동산 유형으로 취급한다. 대부분의 산업용 부동산은 항구나 공항, 철도, 고속도로 같은 주요 교통 허브 지역에 인접해 있으나, 급증하는 전자 상거래와 온라인 주문 배달의 효율성, 소비자 수요를 고려하여 인구 밀집 지역과 근방에도 늘어나는 추세다. 산업용 부동산의 종류는 다양하지만, 상품의 제조, 보관과 유통, 플렉스 공간의 세 종류로 구분할 수 있다.

1. 제조 공간

a) 중공업

중공업 공장은 다양한 상품과 재료를 생산하기 위해 특수 장비나 설비가 필요하며 공장을 가동하기 위한 동력원, 생산과 하역을 위해 수만~수십만 제곱피트에 달하는 넓은 부지가 필요하다. 대부분 영구적인 시설 설비로 인해 임차인이 변경될 때 모든 공간을 완전히 개조해야 한다.

b) 경공업

경공업 공장은 중공업 공장보다 조립하는 부품이 작아서, 장비와 기계가 좀 더 작고 간단하게 설치되어 있다. 따라서 임차인이 바뀌더라도 건물 내부를 쉽게 개조할 수 있다.

2. 보관과 유통 공간

상품을 보관하고 소비자에게 배달하기 위한 유통 과정에서 필요한 건물이다. 보관과 유통 공간에는 유통 창고, 일반 창고, 트럭 터미널이 있다. 이러한 건물의 크기는 다양하지만, 전체 공간의 20% 이하를 사무실 공간으로, 나머지를 저장 공간으로 할당한다.

물류 창고는 주로 상품을 배송하기 위한 공간으로 사용되기 때문에 주로 그 지역의 중심에 위치하는 경향이 있고 공항과 가까운 곳에 위치하는 경우가 많아 상품을 신속하게 배송할 수 있다.

일반 창고는 주로 물품을 보관하는 데 사용되는 창고이며 상품을 장기간 보관하기 때문에 위치는 그다지 중요하지 않다.

트럭 터미널은 창고가 아니라 한 트럭에서 다른 트럭으로 상품을 이동하기 위한 중간 장소로 운송에만 전념하기 때문에 대부분 저장 공간이 거의 없다.

3. 플렉스 공간(Flex Space)

플렉스 공간은 임차인이 부동산의 공간을 활용하는 데 유연성을 제공하도록 설계되어 광범위한 용도로 사용할 수 있다. 주로 사무실 공간이 30% 이상 구성되어 있고 나머지는 창고 전용 공간으로 구성되어 있다. 플렉스 공간은 연구 개발이나 데이터 센터, 쇼룸 등 세 개의 부문으로 나누어진다.

a) 연구 개발 공간은 실험실과 사무실, 테스트 공간 및 일부 제조 공간으로 나누어진다. 주로 비즈니스 파크에 위치하며 충분한 주차 공간이 제공된다.

b) 데이터 센터 공간은 네트워크 연결의 유지, 데이터 저장에 사용하는 장비를 보관하는 곳이다. 수많은 컴퓨터 서버와 통신 장비에 전력을 공급하는 고도로 전문화된 산업용 부동산 유형에 속한다. 일반적으로 10만 제곱피트 이상으로 큰 부지와 특수 배선, 보안 및 냉각 시스템이 필요한 경우가 많다.

c) 쇼룸 공간은 사무실과 창고, 쇼룸의 조합이다. 보통 공간의 절반 이상을 제품을 전시하고 판매하는 데 사용한다. 가장 일반적인 쇼룸 공간은 자동차 판매점이다.

[4] 토지

빈 토지나 자연적인 토지는 주로 미래의 도시 개발이나 광물, 물, 대기권 같은 천연자원 권리를 얻기 위해 매입한다. 토지에 대해서는 세금이나 유지·관리 비용이 매우 적기 때문에 장기적인 투자에 적합하지만, 토지 투자는 세금의 혜택을 누릴 수 없고 수동소득을 얻을 수도 없다.

미국은 워낙 광활한 곳이라 토지의 자산가치 상승 양상이 한국과는 매우 다르다. 지역과 '조닝(Zoning, 구역화)⁴'에 따라 같은 규모의 토지라도 가격이 제각기 다르며 자산가치 상승 역시 천차만별이라 토지에 투자할 때는 반드시 전문가의 도움을 받는 게 중요하다.

토지의 유형으로는 미개발 토지, 캠핑, 사냥, 낚시를 위한 휴양

---

4   특정 지역의 용도를 구분하는 규정

지, 농장 및 목장, 산림지, 과수원, 주거 또는 상업 개발을 위한 계획된 도시 개발(PUD⁵) 지역 그리고 서브디비젼(Subdivision⁶)의 Lot⁷ 등으로 구분할 수 있다.

---

5   모든 주택 소유자가 주택소유자협회에 가입한 단독주택, 타운하우스, 콘도 등의 주택 단지 개발
6   한 필지의 땅을 분할 해 여러 채의 주택을 지어서 형성된 하나의 주택 단지
7   개발 중인 주택 단지의 땅을 여러 개로 나눈 택지 단위

위험과 기회를 알려주는
A, B, C. 부동산 등급

　현명한 미국 부동산 투자를 하기 위해서 투자하고자 하는 부동산 유형의 등급이 무엇을 의미하며 왜 중요한지를 알아야 한다. 투자자의 입장에서 부동산 등급은 각기 다른 수준의 위험과 수익을 나타내기 때문에 반드시 고려해야 할 중요한 요소다. 부동산 등급에 따른 차이점을 이해해야 목표 수익 달성을 위해 감수해야 하는 위험의 정도와 부가가치를 예측할 수 있고 합당한 투자 전략도 세울 수 있을 것이다.

　부동산의 등급은 지리적 특성과 물리적 특성의 조합에 따라 등급이 매겨지기 때문에 위험 수준과 투자 수익이 다르다. 이러한 등급은 부동산의 연식, 위치, 임차인 소득 수준, 성장 전망, 편의시설 및 임대소득과 같은 여러 요소의 조합으로 결정되며 주로 상대적인 평가라고 볼 수 있다. 이렇게 평가되는 등급은 정확한 공식은 없지만 보통 A, B, C등급으로 분류한다. 때에 따라 A+ 나 D등급이 추가되기도 한다.

그럼, 미국 부동산 투자를 시작하는 데 도움이 될 수 있도록 미국 부동산의 등급 구분을 알아보도록 하자.

[1] 거주용 부동산의 등급별 구분

먼저 각양각색인 부동산 유형 중 거주용 부동산을 등급별로 분류해보자.

1. A등급

특징 지역 시장 내에서 가장 비싼 부동산 구역에 있으며, 주택의 각종 요소가 최신으로 적용된 아주 잘 관리된 주택이다.

A등급 거주용 주택은 호화롭게 살 여유가 있는 고소득자나 투자자가 주 소비층이다. 이 등급의 주택은 최고의 편의시설이 갖춰져 있고 명소에 쉽게 접근할 수 있기에 미래 자산가치 상승 가능성이

아주 크다.

일반적으로 10년 이내에 지어진 것으로 건물 상태는 눈에 띄는 물리적 문제가 거의 없이 잘 관리되어 있으며, 범죄율이 낮은 도시에서도 가장 좋은 지역에 위치되어 있다.

장점

ⓐ 임대료가 높다. A등급 주택은 가장 높은 임대료를 기대할 수 있다.

ⓑ 관리와 유지, 수리가 수월하다. 건물의 연식이 오래되지 않고 보편적으로 관리가 아주 잘 된 경우로 건물 관리나 유지가 쉽고 수리하는 데에 걸리는 시간도 짧다. 해당 문제로 곤란할 일이 드물다

ⓒ 자산가치 상승 가능성이 크다. 장기간에 걸친 큰 자산가치 상승을 기대할 수 있다. 가끔 B등급, C등급의 이웃들이 젠트리피케이션(Gentrification)⁸ 과정을 통해 서서히 A등급 이웃으로 바뀔 수도 있지만, 이는 긴 시간이 필요하다. 따라서 A등급 부동

8 　낙후되거나 저소득층이 주를 이루던 지역이 개발되는 과정에서 고급 주택과 고급 편익 시설이 들어서면서 상류층의 사람들이 그 지역으로 들어가게 되고 원래 거주했던 저소득층이 그 지역에서 빠져나가는 현상

산은 오랫동안 자산가치 상승을 누릴 가능성이 크다.

단점

ⓐ 다른 등급에 비해 훨씬 더 많은 초기 투자 자본이 필요하다. 최고의 융자 옵션이 있더라도 A등급 주택에 대한 초기 투자 자본은 부담이 될 수 있다.

ⓑ 투자 자본 회수 기간이 길다. A등급 주택을 취득하는 초기 비용이 많고, 수리나 개선비용이 만만치 않아 긍정적인 현금흐름을 생성하는 데 상당한 시간이 필요할 수 있다.

ⓒ 유지 보수 비용이 많이 든다. A등급 주택은 크기가 크고 지하실이나 수영장, 스프링클러 등의 다양한 부대 시설을 가지고 있어 더 많은 수리·유지 비용이 필요하다.

ⓓ 공실의 위험이 크다. A등급에 대한 수요가 적기 때문에 다른 등급에 비해 더 오랫동안 공실 상태가 될 수도 있는 위험이 있다.

A등급은 가장 비싼 매입 가격을 치러야 하기에 임대 주택으로서 현금흐름이 좋다고 볼 수 없다. 그래서 투자자는 A등급 주택의 자산가치 상승이 오랫동안 지속할지 충분히 고려해야 한다. 또한, 임대 공실을 고려하여 이러한 주택의 유지를 감당할 수 있는 충분한 재정적인 능력을 갖춘 투자자이어야 할 것이다.

2. B등급

특징 잘 건축되고 잘 관리된 중형의 10년 이상 된 건물은 B등급 거주용 주택으로 간주한다. 이런 주택은 중·상위 소득 계층이 거주하는 경우가 많다. 건물은 조금 오래되었고 약간의 수리가 필요할 수도 있다. 편의시설, 좋은 학교와 가까이 있고 범죄가 거의 없는 지역에 위치한다.

B등급 주택은 가장 훌륭하거나 가장 비싼 주택은 아니지만 많은 혜택을 제공하고 재정적으로는 더 많은 사람에게 적당한 등급이다. 주변에서 가장 비싸거나 가장 잘 관리된 건물은 아니지만 크기, 상태 및 전반적인 편의시설 측면에서 중·상급에 속하며 10년 이상 된 건물이거나 신축일 수도 있다.

장점

ⓐ 초기 투자 비용이 A등급만큼 비싸지 않고 합리적인 수준이다.

ⓑ 안정적인 수입이 보장된다. 중·상층 가정이 전형적인 거주자여서, 일반적으로 임대 수입이 안정적이다.

ⓒ 이 등급에 속한 임차인들은 대부분 집을 원만하게 잘 관리해서 문제가 적다.

ⓐ B등급의 건물은 일부 지붕 및 냉난방 시설(HVAC; heating, ventilation, air-conditioning) 등의 노후로 인해 수리·유지비가 증가할 가능성이 크다.

ⓑ 자산가치의 상승이 A등급에 비해서 크지 않을 수 있다.

ⓒ 여전히 가격이 비싼 편이어서, 투자할 현금과 유동성이 제한된 신규 투자자에게는 이상적이지 않다.

B등급 주택에 투자하는 투자자는 초기 자본, 수리·유지 비용을 감당할 수 있는 재정적인 능력이 필요하다. B등급 주택은 A등급 주택과 비교해 오랫동안 자산가치 상승을 기대할 수 있다. 또 B등급은 A등급보다 저렴하여 일반적으로 임대 부동산의 공실률이 훨씬 낮은 편이다. 이것은 A등급 주택보다 B등급 주택에서 현금흐름이 더 좋다는 걸 의미한다.

3. C등급

특징 C등급 거주용 주택은 크기가 더 작고, 연식은 큰 차이가 있을 수 있겠지만 일반적으로 30년 이상 된 것으로 간주하는 경우가 많다. C등급 주택의 주요 거주층은 중·하위 소득 계층이며 오랜 기간 실소유주가 거주한 경우가 많다. 오래된 주택을 유지·보수, 수리하기 위한 비용은 일반적으로 B등급보다 훨씬 높으며 구조적-기계적 수리나 새 지붕이 필요할 때도 있다.

좋은 편의시설에 접근할 수 있는 곳에 위치할 수도 있지만 그렇지 않을 가능성도 있다. 할인 식료품점, 중고품 가게 등이 이 지역에 있으며 학교의 수준이 평균 이하일 수 있다. 일반적으로 범죄율은 B등급 지역과 비교하면 좀 더 높다고 볼 수 있다.

임대를 원하는 임차인 대부분은 평균 이하의 소득층으로 더 짧은 기간 동안 임대하는 경향이 있다.

장점

ⓐ 진입 장벽이 낮다. C등급 부동산은 평가 가치가 낮아 투자자의 진입 장벽이 낮다.

ⓑ 반대로 수요는 높다. C등급은 많은 시장에서 가장 수요가 많은 부동산 등급이다.

ⓒ 투자의 다각화에 도움이 된다. C등급은 투자자의 포트폴리오를 다양화하기 위한 좋은 전략이 될 수 있다는 얘기다. 이런 주택은 투자자들이 매수 후 장기로 보유하며, 부동산을 임대하거나 고쳐서 되파는(Fix and Flip) 데 매우 일반적으로 사용된다.

ⓐ 단기적 소득인 경향이 있다. 임차인의 소득이 잠재적으로 불안정해 임대는 장기보다 단기일 확률이 높다.

ⓑ 더 많은 수리가 필요할 수 있다. 게다가 수리가 필요할 때 지연되는 경우가 많아 더 많은 수리가 필요할 수 있다.

ⓒ 시장에 매물로 나올 준비를 하기 위해 추가적인 내부 페인트 수리가 필요할 수 있다.

C등급의 주택은 임대료에 비해 집값이 상대적으로 낮아서 현금흐름이 좋은 경우가 많다. 그러나 이런 지역에서는 임차인의 소득이 불안정해 임대 기간은 장기보다 단기일 확률이 높으며, 건물에 더 많은 유지 관리가 필요할 수 있다.

C등급 지역은 강력한 현금흐름을 생성하는 것이 가능하지만, 자산가치 상승은 시간의 흐름에 따라 증가하는 폭이 A등급이나 B등급에 비해 낮을 수 있다. 하지만 C등급 지역은 실용성과 경제성 때문에 항상 수요가 많다. 또한 C등급은 A등급과 B등급보다 작고 오래되었으며 훨씬 저렴하지만, 대다수가 저렴한 주택을 원하기 때문에 주택 대부분이 C등급으로 분류되는 경우가 많다.

4. D등급

특징 D등급 주택은 범죄와 폭력이 심한 지역에 있는 오래된 주택이며 상당한 수리가 필요하고 건물 규정에 위반되는 건물들도 적지 않다. 일반적으로 수십 년 동안 살았던 지역으로 대대적인 수리가 필요하며 전반적인 방치로 인해 비어 있거나 낡은 집이 대부분이다. 이웃과 건물들은 황량하고 황폐하다.

주위에 좋은 편의시설 및 학교는 거의 없고 D등급 건물의 거주자는 기본적인 쇼핑 지역이나 식료품점에 가려면 멀리 운전해야 할 경우도 있다. 거주자의 소득 수준은 최저 소득 수준이고 세입자의 수가 주택 소유자의 수보다 훨씬 많다. 이런 지역의 주택은 매우 저렴하고 현금흐름은 양호할 수 있지만, 수리 비용으로 인해 투자하기에는 열악하다. 또 주변 지역에서 상당한 고급화가 일어나지 않는 한 자산가치 상승은 기대하기 어렵다.

장점

ⓐ 취득 비용이 낮다. 할인된 싼 가격으로 구매할 수 있어서 낮은 취득 비용 때문에 첫 번째 투자로 D등급 주택을 찾는 경우도 있다.

ⓑ 수리 비용도 비교적 저렴하다. D등급 주택을 찾는 거주자들

은 일반적으로 최고의 생활 수준을 기대하지 않기 때문에, 수리는 확실히 필요하지만 다른 등급의 주택만큼 비싸거나 광범위하지 않을 수 있다.

ⓐ 임차인의 수입이 일관되게 유지되지 않아서, 안정적인 임대 수입을 보장받을 수 없다.

ⓑ 높은 범죄율로 인해 사람들 대부분이 이 지역에 거주하는 것을 꺼린다.

ⓒ 지연된 수리 및 노후로 인해 결국 더 많은 수리를 해야 한다.

대부분의 D등급 투자자는 초기 자본과 유동성이 적은 투자자이거나 또는 지역 전체를 고급화하려는 의도로 같은 이웃에 여러 주택을 매입하는 특별한 투자 전략을 가진 경우라고 볼 수 있다. 투자 경험이 많지 않은 투자자에게는 위험의 정도가 클 수 있다. D등급 주택은 일반적으로 개인투자자에게 권장하지 않는다.

[2] 상업용 부동산의 등급별 구분

앞에서 이미 설명했듯이, 모든 유형의 부동산은 가치 평가 기준에 따라 등급별로 구분할 수 있다. 상업용 부동산의 유형은 매우 다양하지만, 모든 유형의 상업용 부동산은 부동산 자산 등급에 따라 분류할 수 있다. 여기서는 상업용 부동산 중 사무용 건물을 기준으로 등급을 분류해보고자 한다.

1. A등급

A등급 사무용 건물은 지역 시장에서 최고의 건물을 말하며 건축의 모양이나 기능이 독특하고 최고 품질의 마감재를 사용하며 최고의 시스템을 갖추고 있다. 최고의 유지와 관리가 전문적으로 이루어지는 건물이다. 주로 중심업무지구나 주요 도시의 인구 밀도가 높은 도심에 위치한다. 일반적으로 15년 이내에 지어진 최신 건물로 세계적 수준의 최고의 편의시설이 있고 고소득 임차인을 유치하고 공실률이 낮은 편이다.

A등급 사무용 건물의 임차인은 주로 장기 임대로 평균 이상의 임대료를 지급하며 신용이 좋고 권위 있는 직업군을 가진 경우가 대부분이다. 따라서 위험도가 가장 낮은 부동산 등급이다. 이러한 A등급 부동산에 투자하려는 투자자들은 주로 생명 보험 회사나 연기금과 같은 기관 투자자를 포함하여 국내 및 국제 전문 투자자가 대부분이다.

2. B등급

B등급 사무용 건물은 일반적으로 A등급보다 한 단계 아래에 있으며 더 오래된 건물이다. 임차인의 소득이 A등급 임차인에 비해 낮은 편이라 임대료는 A등급 건물의 임대료보다 평균적으로 저렴하며 건물의 유지·관리는 양호한 편이다. 일반적으로 15년 이상 된 건물로 좋은 지역에 있지만, A등급 건물과 같은 최고의 시스템과 편익 시설 등이 부족하다.

B등급 사무용 건물은 건물의 유지·관리가 양호한 편이라 많은 투자자가 이를 '부가가치' 투자 기회로 보고 있다. 이러한 건물은 공동 구역의 개조와 개선을 통해 B+ 또는 A등급으로 향상시킬 수 있기 때문이다. 투자 시에는 B등급이 A등급보다 더 위험한 것으로 간주하기에 비교 가능한 A등급보다 더 높은 자본환원율(Cap Rate 혹은 Capitalization Rate)[9]을 요구한다.

하지만 좋은 위치에 있는 B등급 건물은 일반적으로 더 낮은 가

---

9   다양한 임대용 부동산 자산의 수익률을 추정하고 비교하는 데 사용되며 순영업이익을 부동산 가치로 나눈 값을 말한다.

격으로 매입할 수 있으며, 경우에 따라 개조·개선을 통해 A등급으로 상향시켜 부가가치를 창출할 수 있다. 새로운 건물 소유자는 건물을 개선한 다음, 임대차 계약이 만료되면 임대료를 인상하고 새로운 임차인을 받아 현금흐름을 높이고 자산의 가치를 높일 수 있다. 이러한 부가가치 투자 전략을 통해 투자자는 A등급 건물에 투자하여 목표 수익을 달성하는 것보다 B등급 부동산에 투자하여 더 큰 수익을 창출할 수도 있다.

3. C등급

C등급 사무용 건물은 일반적으로 20~30년 이상 된 것으로 건물의 상태가 좋지 않은 경우가 대부분이며 임대료가 높은 지역에 위치하지는 않는다. 기능적인 공간을 제공하지만 대부분 상당한 개조가 필요하다. 따라서 C등급 부동산은 일반적으로 평균보다 낮은 임대료가 적용된다.

C등급 건물은 매입 비용은 낮지만, 유지·관리가 지연됐고 공실률이 높으며 현금흐름이 낮은 편이다. 잠재적 수익을 창출할 수 있는 편의시설이 거의 없다. 따라서 C등급 건물 투자자는 일반적으로 구매 시 상당한 투자를 해야 하며 추가 수리 및 개선이 필요한 경우 높은 유지 보수 준비금이 필요하다. 이러한 이유로 C등급 건물을 가장

위험한 자산으로 간주하기도 한다. 따라서 투자자들은 B등급보다 더 높은 자본환원율을 요구할 것이다. 그러나 C등급 부동산이라도 위치가 좋은 경우에는 부가가치를 창출할 수 있다. C등급 건물을 매입한 후 즉시 개조 및 개선을 하고 편의시설을 추가하여 B등급으로 전환할 수 있다.

지금까지 상업용 부동산 유형 중 사무용 건물을 기준으로 하여 등급별로 분류하여 설명하였다. 이를 통해, 투자자는 부동산의 각 등급이 각각 다른 위험과 보상을 나타낸다는 것을 이해하는 것이 중요하다. 투자자가 선택하는 부동산 등급에 따라 시간이 지날수록 투자의 안정성과 자산가치 상승에 큰 영향을 미칠 수 있다.

A등급은 추가 자본 지출이 거의 필요 없는 최상위 부동산에 투자하므로 투자자에게 더 많은 안정성을 제공한다. B등급과 C등급은 투자자가 상대적으로 소득이 낮은 임차인이 있는 오래된 건물이나 소득이 낮은 지역의 건물에 투자함으로써 추가 위험을 무릅쓰는 대신 적절한 보상을 원할 것이다. 따라서, B등급과 C등급은 A등급보다 더 높은 자본환원율을 적용하여 거래되는 경향이 있다.

A등급은 일반적으로 매입 비용이 가장 높아서 진입 장벽도 가장 높으며, A등급 건물을 개인 투자자가 매입하는 경우는 거의 없다. 반

미국 부동산이 답이다

면 B등급과 C등급 건물은 규모가 작을수록 취득 비용이 낮아지는 경향이 있어 개인 투자자가 매입할 수 있다.

A등급 건물은 일반적으로 B등급 또는 C등급보다 수익률이 낮다. B등급과 C등급은 좀 더 위험하지만 더 높은 자본환원율과 좀 더 좋은 현금흐름을 제공하는 경향이 있다. 일반적으로 A등급 건물이 더 높은 가치로 평가되지만, 즉각적인 수익을 찾고 있다면 좋은 현금흐름을 노려 B등급 또는 C등급 건물에 투자하는 것을 고려해볼 수 있다.

가장 안정적인 투자를 원하는 투자자는 A등급 건물을 원할 것이다. A등급 건물은 최상의 위치와 상태를 가지고 있으며 일반적으로 고소득의 임차인들에게 쉽게 임대할 수 있기 때문이다. 따라서 A등급은 B등급이나 C등급 건물보다 유동성(Liquidity)이 더 좋은 것으로 간주되며 부동산시장 주기에 관계없이 더 안정적인 매매가 가능하다.

이러한 부동산의 등급별 분류는 투자자가 부동산 투자를 할 때 필요한 적절한 가이드를 위한 것이다. 물론 이는 정해진 절대적인 공식이 아니며 부동산의 다양한 특성으로 인해 모두 상대적인 분류라고 볼 수 있다. 따라서 지역 시장의 맥락에서 전체적으로 평가되어야 할 것이다.

3장

미국 부동산의
소유권과 소유권증서

미국 부동산을 취득할 경우 미국 부동산 소유의 형태나 소유권 그리고 소유권증서에 관해서 반드시 알 필요가 있다. 소유권과 소유권증서는 미국 부동산을 취득하는 과정에서 반드시 접하게 되며 많은 한국인 투자자가 거래를 마무리하면서 궁금해하는 부분이기도 하다. 이 개념들을 알아보자.

01

개인, 법인, REITs,
어떤 선택이 가장 좋을까?

미국 부동산 투자를 고려할 때 투자자가 내려야 하는 결정 중 하나는 '어떤 소유 형태로 투자할 것인가'이다. 이는 각 투자자 상황에 맞는 형태로 책임과 세금의 합리성을 가장 중요하게 고려하여 선택해야 할 것이다. 그럼 미국 부동산의 소유 형태를 비교해보자.

1. 개인단독소유(Sole Proprietorship)

가장 기본적인 유형으로 개인이 단독으로 부동산을 소유하는 것이다. 이 유형은 가장 단순하고 일반적인 구조로 사업자와 소유자의 구분이 없다. 소유자는 모든 이익에 대한 권리가 있으며 모든 손실 및 부채에 대해서도 개인적으로 책임을 진다. 개인 명의로 부동

미국 부동산이 답이다

산을 소유할 경우 간단하고 유지비용이 많이 들지 않지만, 부동산 소유와 임대 관계에서 발생할 수 있는 부채나 의무에 대해 무한 책임을 져야 한다.

2. 파트너십(Partnership)

파트너십은 두 명 이상의 인원이 소유권을 공유하는 단일 회사다. 각 파트너는 돈이나 재산, 노동 또는 기술을 기부하고 사업의 이익과 손실을 공유한다. 파트너십은 운영소득, 공제, 손익 등을 보고하기 위해 연간 재무보고서를 제출해야 하지만 소득세는 내지 않는다. 각 파트너는 세금보고서에 파트너십의 손익에서 각자의 몫을 보고한다.

파트너십에는 일반 파트너십과 유한 파트너십이 있는데 일반 파트너십은 모든 파트너가 동등한 책임을 지며, 유한 파트너십은 한 파트너는 무한 책임을 지고 다른 파트너는 유한 책임을 진다. 밑에서 설명할 C-Corp과 다르게 이중과세(double taxation)[10]는 없다. 파트너십 유형과 관계없이 파트너는 직원으로 간주하지 않으므로 급여 및 세금

---

10   투자자, 주주가 돈을 투자한 다음 투자수익을 회수할 때 회사와 주주 각각의 단계에서
       도합 2회에 걸쳐 과세하는 것.

신고서(Wage and Tax Statement)인 W-2 양식(Form W-2)을 발행하지 않는다.

3. C 코퍼레이션(C-Corporation)

주주가 소유한 독립적인 법인으로 이는 기업을 소유한 주주가 아니라 기업 자체가 법적 책임을 진다는 것을 의미한다. 따라서 사업이 파산하는 경우 주주는 개인적으로 책임을 지지 않는다. 이 형태는 세금과 법적인 요구 사항이 복잡할 뿐 아니라 관리비용도 더 많이 지급하며, 다른 사업 구조보다 복잡하다.

C 코퍼레이션은 별도의 납세 법인으로 인식되기에, 회사가 사업을 영위해서 얻은 순이익이나 손실을 실현한 뒤 법인세를 매기고, 이익을 주주에게 분배한다. 회사의 이익은 회사에 과세되고, 주주에게 나누어지는 배당금은 주주 개인에게 과세된다.

회사가 주주에게 배당금을 분배할 때 세금 공제를 받지 않으며, 주주는 회사의 손실을 공제할 수 없다.

4. S 코퍼레이션(S-Corporation)

S-Corporation은 주주에게 법인 소득, 손실, 공제 모두를 전달하

며 주주는 개인 소득세 보고서에 소득 및 손실을 보고하고 개인 소득세율에 따라 세금이 부과된다. C 코퍼레이션과 다르게 법인 소득에 대한 이중과세를 피할 수 있다.

주주가 사업으로 인해 발생하는 부채나 책임에 대해 개인적으로 책임을 지지 않지만, S 코퍼레이션의 설립요건은 미국에서만 사업하는 미국 법인이어야 하고 개인, 특정 신탁 및 유산을 포함한 100명 이하의 주주만 보유해야 하며 미국 비거주 외국인 주주가 포함될 수 없다. 또한 금융기관, 보험사, 해외법인은 S 코퍼레이션이 될 수 없다.

5. 유한책임회사(LLC: Limited Liability Company)

유한책임회사는 코퍼레이션의 유한 책임 기능과 파트너십의 세금 효율성 및 운영 유연성을 제공하는 복합적인 법인 구조다.

코퍼레이션의 주주와 달리 유한책임회사인 LLC는 별도의 사업체로 과세 대상이 아니다. 대신 모든 손익이 유한책임회사의 각 구성원에게 전달되며, 파트너십 소유자와 마찬가지로 개인 연방 세금보고서에 손익을 보고해야 한다.

연방 정부는 과세 목적으로 유한책임회사인 LLC를 사업체로 인정하지 않기 때문에 모든 유한책임회사는 세금 신고서에 개인, 파트너십 또는 코퍼레이션을 지정해서 제출해야 한다.

이 형태는 최근 많은 투자자가 미국 부동산 투자를 할 때 가장 선호하는 소유 형태다.

6. 부동산투자신탁(REIT; Real Estate Investment Trust)

부동산투자신탁은 소득을 창출하는 부동산을 소유나 운영 또는 자금을 조달하는 회사로, 뮤추얼 펀드를 모델로 삼아 수많은 투자자의 자본을 모아 부동산에 투자한다. 이를 통해서 부동산투자신탁에 투자한 개인 투자자는 부동산을 직접 구매-관리하거나 자금을 조달할 필요 없이 배당금을 받을 수 있지만, 안정적인 수입을 얻는 대신 시세차익은 거의 누릴 수 없다. 또한, 부동산투자신탁의 주주들은 C 코퍼레이션의 주주들과 마찬가지로 회사의 의무에 대해 유한한 책임을 지며, 이익의 배분이나 이중과세 면에서는 S 코퍼레이션과 비슷하다. 그러나 세금 손실은 주주들에게 이전되지 않는다.

대부분의 부동산투자신탁은 주식처럼 공개적으로 거래되기 때문에 물리적 부동산 투자와 달리 유동성이 높다. 주요 증권 거래소에서 공개적으로 거래되며 투자자는 이를 주식처럼 사고팔 수 있으므로 매우 유동적인 상품으로 분류된다. 일반적으로 부동산투자신탁은 특정한 부동산을 전문으로 하지만 아파트, 데이터 센터, 호텔, 의료 시설, 사무실, 소매 센터 및 창고를 포함한 대부분의 부동산 유형에도 투자한다.

REIT 자격을 얻으려면 회사는 다음의 특정 조항을 준수해야 한다. 이러한 특정 조항에는 주로 소득 창출 부동산을 장기적으로 소유하고 주주에게 소득을 분배하는 것이 포함된다.

① 총자산의 75% 이상을 부동산, 현금 또는 미국 국채에 투자해야 한다.
② 총소득의 75% 이상을 임대료, 부동산에 자금을 제공하는 모기지 이자 또는 부동산 판매에서 얻어야 한다.
③ 매년 주주 배당금 형태로 과세 소득의 90% 이상을 지급한다.
④ 과세 대상이 되는 법인이어야 한다.
⑤ 이사회 또는 이사에 의해 관리되어야 한다.
⑥ 설립 첫해 이후에 최소 100명의 주주를 보유해야 한다.
⑦ 5명 이하의 개인이 지분의 50% 이상을 소유하지 않아야 한다.

02

담보부터 세금, 상속까지.
소유권 알아보기

부동산을 소유한다는 것은 부동산의 합법적 소유를 증명하는 권리증서(Title)를 가지고 소유부터 사용, 통제, 향유, 처분 등의 권리를 동시에 가지게 됨을 의미한다. 즉, 부동산 소유권은 여러 가지 권리의 묶음(Bundle of Rights)이라 할 수 있다.

실제로 부동산 소유주는 부동산을 소유하고 사용하거나, 임대를 통해 임대료를 받기도 하고, 소유한 부동산을 담보로 자금을 조달하기도 한다. 이는 부동산 소유권 안에 점유권, 사용권, 수익권, 임차권과 저당권이 묶여 있다는 것을 의미한다. 미국에서 토지 소유권은 자유 소유권(Freehold Estates)과 임대 소유권(Leasehold Estates)으로 나뉜다.

자유 소유권은 토지와 그에 딸린 모든 재산에 대한 소유권이며 미국에서 부동산을 매입할 때 얻게 되는 일반적인 소유권이다. 소유 기한은 무기한이며 부동산에 제한이 없는 보유와 이익에 관한 권리다. 자유 소유권은 부동산 소유자가 가지는 부동산에 대한 완전한 권리라 할 수 있다.

임대 소유권은 토지에 딸린 부동산을 소유하지만, 그 토지는 소유하지 않으며 소유 기간은 임대로 결정된다. 1년이든 10년이든 제한된 기간만 소유하는 권리로 부동산에 대한 소유는 인정되나 토지의 소유는 인정되지 않는 권리다. 하지만 임대 소유권 역시 부동산 소유 권리로 인정받는다. 임대 소유권을 가진 임차인(Tenant)은 임대차 계약(Lease) 동안 배타적 점유, 사용, 수익권을 가지게 된다. 부동산 소유자와 임차인의 임대차 계약은 물권(Real Right) 계약으로 인정된다.

그럼, 미국 부동산의 소유권에는 어떤 유형이 있는지 알아보자.

1. 단독 소유권(Severalty Ownership 혹은 Tenancy in Severalty)

단독 소유권은 법적으로 소유권을 보유할 수 있는 한 명의 개인 또는 하나의 법인이 부동산을 소유한 권리다. 가장 일반적인 단독 소유권은 독신 남녀, 배우자와 별도로 재산을 소유한 기혼 남녀, 그리고 부동산에 투자하거나 지분을 보유할 수 있는 기업 구조를 가진 사업체가 부동산을 소유한 경우에 발생하는 소유권이다.

소유권을 개인 단독으로 보유하는 경우의 주요 이점은 거래를 승인하기 위해 다른 당사자와 협의할 필요가 없어 거래를 쉽게 할 수 있다는 것이다. 반대로 단독 소유자가 사망할 경우, 소유권 이전과 관련된 법적 문제가 발생할 가능성이 있으며, 유언장과 같은 특정한 법적 문서가 존재하지 않는 한 소유권 이전이 문제가 될 수 있다는 단점도 있다.

2. 일반 공동 소유권(Tenancy in Common)

일반 공동 소유권은 2명 이상이 부동산 소유권을 일정 비율로 나누어 공동으로 소유하는 형태의 소유권이다.

예를 들어 홍길동은 어떤 부동산에 대해 40%의 지분을 갖고 있고 홍길순은 60%의 지분을 가지고 있다고 하자. 홍길동이 부동산 자산의 지분을 40%를 가지고 있다고 해서 부동산 점유 및 사용을 40%만 하도록 제한하지는 않는다. 홍길동은 전체 재산을 점유하고 사용할 권리가 있다. 홍길동이 가지고 있는 40%의 지분은 단순히 부동산의 재정적 소유권만을 결정한다. 따라서 부동산은 소유권에 이름이 등록된 사람들이 함께 공유한다.

일반 공동 소유권을 가지고 있는 소유권자는 각각의 자산 해당 부분에 대해 개별적인 재정적 소유권을 가지며 마음대로 처분하거나 담보로 설정할 수 있다. 소유권을 현재 가지고 있는 소유권자가 자신의 지분을 다른 새로운 사람에게 양도할 수 있고, 그 지분을 받은 새로운 소유권자는 남아있는 원래의 소유권을 가지고 있는 사람들과 함께 공동 소유권을 가질 수 있다.

일반 공동 소유권을 가진 사람이 사망할 경우, 그가 가지고 있는 지분은 상속인에 의해 취득되고 다른 생존 소유자와 일반 공동 소유권을 함께 가지게 된다.

예를 들면, 홍길동이 부동산 자산 이익을 40%를, 홍길순이 60%를 가지고 일반 공동 소유권으로 소유 증서에 이름이 등록되었다. 그런데 갑작스러운 사고로 홍길동이 사망할 경우 그의 상속인인 홍길자가 그의 40% 자산 이익을 가지게 되고 생존 소유자인 홍길순과 더불어 새롭게 일반 공동 소유권을 가지게 되는 것이다.

일반 공동 소유권의 장점은 소유자가 필요할 경우 금융 거래를 위해 자신이 가지고 있는 지분에 담보 설정을 할 수 있다는 것이다,

이런 경우 채권자는 해당 소유자의 재산 부분에 대해서만 유치권 (Lien)을 설정할 수 있다.

단점은 자동 생존자 권리(Right of Survivorship)가 허용되지 않는다는 것. 또한, 각 소유자는 내야 하는 재산세를 모두 책임져야 한다. 한 소유자가 자신의 몫을 낼 수 없는 경우 다른 소유자가 내야 하는 책임이 있다. 또한, 일반 공동 소유권이 완전히 이전되려면 부동산에 대한 유치권을 모두 청산해야 한다.

3. 균등 공동 소유권(Joint Tenancy 혹은 Joint Tenants with Rights of Survivorship)

균등 공동 소유권이란 2인 이상이 공동으로 부동산에 대한 소유권을 갖고 평생 부동산을 소유할 동등한 권리를 가지는 것이다. 만약 파트너 중 한 명이 사망하는 경우 균등 공동 소유권은 상속되지 않기 때문에 사망자의 소유권은 '생존자 권리'라는 법적 관계를 통해 생존한 소유자(들)가 사망한 소유자의 모든 권리를 자동으로 가지게 된다.

균등 공동 소유권이 성립되려면, 소유권증서에 '생존으로 알려진(known as survivorship)'이라는 문구가 명확하게 명시되어야 한다. 그렇지 않으면 소유권은 자동으로 일반 공동 소유권으로 간주된다.

예를 들면, 홍길동과 홍길순이 '1 Abc Street'에 있는 주택을 매입한 뒤 50%:50%의 지분을 가지고 2022년 6월 5일에 클로징을 하여 소유권증서에 홍길동과 홍길순의 이름으로 균등 공동 소유권으로 등록했다. 하지만 3개월 후 홍길동이 갑작스러운 사고로 사망할 경우 생존 소유자인 홍길순이 자동으로 100%의 지분을 가지게 된다.

균등 공동 소유권을 형성하려면 다음 네 가지 주요 사항을 만족해야 한다.

① 시간(Time): 소유자들은 동시에 부동산을 구입해야 한다.
② 증서(Title): 같은 하나의 증서에 모든 소유자의 이름이 표기되어 있어야 한다.
③ 이익(Interest): 자산의 이익은 균등하게 모든 소유자에게 분배되어야 한다(50%:50% 또는 25%:25%:25%:25%…).
④ 소유(Possession): 소유자들은 전체 부동산 자산을 사용하고 소유할 수 있는 권리를 분할되지 않은 지분(undivided interest)으로 소유한다.

균등 공동 소유권의 장점은 유언장 없이도 소유권이 생존 소유자들에게 이전된다는 것이다.

하지만 단점도 있다. 재정적 이익을 위한 자산의 자금 조달은 모든 소유자(들)의 승인을 받아야 하며 한 명의 소유자가 사망 시 보유분이 자동으로 생존 소유자(들)에게 넘어가기 때문에 외부인에게 이전할 수 없기 때문이다.

또 다른 단점은 소유자 중 한 명으로부터 부채를 징수할 법적 판결을 받은 채권자가 법원에 전체 재산 분할 및 매각을 신청하여 부채를 징수할 수 있다는 것이다. 그러니까, 각 소유자(들)는 상대방의 재정적 선택에서 위험을 감수해야 한다는 얘기다.

4. 전체 공동 소유권(Tenancy By The Entirety)

전체 공동 소유권은 법적으로 결혼한 경우만 인정된다. 이는 옛 영국 일반 법령 원리에 근거하여 부부가 한 사람이라는 가정하에 성립된 부동산 소유권이며 개인적으로 자산을 처분할 수 없다. 또 위에서 언급한 것처럼 균등 공동 소유권 성립의 4가지 사항이 충족되어야 하며 한 배우자가 사망하면 소유권은 생존 배우자에게 완전히 이전된다.

전체 공동 소유권은 다음의 세 가지 측면에서 균등 공동 소유권과 구별된다.

① 전체 공동 소유권은 배우자의 관계에서만 성립된다. 이혼 시에는 자동으로 일반 공동 소유권으로 전환된다.
② 한 배우자가 다른 배우자의 동의 없이는 부동산을 팔거나 부동산 담보로 대출을 받을 수 없고 임대도 할 수 없다.
③ 배우자 중 한 명에게 채권을 발행한 채권자는 해당 채무가 불이행되었을 때 그 징수를 위해 부동산 처분 권리를 행사할 수 없다. 두 명의 배우자 모두를 대상으로 한 채권자의 경우만 채무 불이행에 대한 징수를 위해 부동산 처분 권리를 행사할 수 있다.

전체 공동 소유권의 장점은 배우자 사망 시 법적 조치가 필요하지 않고 자동으로 생존 배우자에게 사망한 배우자의 지분이 양도된다. 단점은 재산의 양도가 함께 이루어져야 하며 재산을 나눌 수 없다는 것이다. 이혼의 경우 이러한 유형의 소유권은 자동으로 일반 공동 소유권으로 선환된다.

5. 집단 공동 소유권(Community Property)

집단 공동 소유권은 법적으로 혼인한 관계로 맺어진 배우자 관계에서만 적용되는 또 다른 형태의 공동 소유권이다. 이는 전체 공동 소유권과는 달리 스페인 법에 근거하여 결혼한 배우자는 동등한 파트너로 간주한다는 원리에서 비롯된다.

법적인 소유 증서에 상대 배우자의 이름이 등록되었건 안 되었건, 결혼기간 동안 얻은 모든 자산은 각 배우자에게 동등하게 50%의 자산 이익이 있음을 의미한다. 이러한 소유권을 가진 경우에는 부동산을 처분하거나 부동산을 담보로 대출을 받거나 임대할 때 배우자 모두 해당 서류에 서명해야만 한다.

그러나 한 배우자가 상대 배우자와 결혼 전 얻은 자산이나 결혼기간에 받은 증여나 유산은 부부 공동 자산으로 간주하지 않는다. 또 상대 배우자의 동의 없이 한 배우자가 부동산을 처분하거나 부동산을 담보로 대출을 받거나 임대를 할 수 없다.

집단 공동 소유권은 유언장을 통해 한 배우자의 상속인에게 그의 이익을 상속할 수 있지만, 유언장이 없는 경우는 법원에서 생존 배우자에게 상속하는 것으로 주로 판결된다. 이혼 시에는 일반 공동 소유권으로 전환된다.

미국에서는 9개의 주 에서만 통용되는 공동 소유권으로 캘리포니아, 애리조나, 네바다, 루이지애나, 아이다호, 뉴멕시코, 워싱턴, 텍사스, 위스콘신주가 집단 공동 소유권을 인정한다.

이같이 미국 부동산 소유권의 유형에 대해 정리해보았다. 미국은 주마다 이런 부동산 소유권 유형이 주법에 근거해 다르게 형성된다. 내가 거주하는 조지아주는 단독 소유권, 일반 공동 소유권, 균등 공동 소유권만 인정하는 주이다.

깔끔한 거래 성사를 위한
소유권증서 알아보기

미국의 소유권증서는 부동산 소유권과 권리를 양도하는 문서다. 쉽게 표현한다면 집문서라고 할 수 있다. 이러한 소유권증서나 양도 증서는 미국 부동산을 취득하는 과정의 클로징(마무리) 단계에서 매도인이 서명해서 공증을 받고 등기의 과정이 끝난 후 매수인은 소유권증서의 원본을 받게 된다. 한국에서 해외 부동산 취득 보고서를 제출할 때 필요한 서류 중 하나이기도 하다.

소유권증서는 자산의 소유권을 새 소유자에게 이전하는 서명된 법적 문서로 이러한 증서는 양도인과 양수인 간에 부동산의 소유권을 이전하는 데 가장 일반적으로 사용된다. 소유권이나 재산 또는 자산의 법적 소유권을 한 사람이나 회사에서 다른 사람이나 회사로 이전할 때 필요한 것이다.

부동산 소유자가 부동산을 매각하거나 재융자하려면 부동산 소유권증서를 부동산이 위치한 카운티나 지방 정부에 제출해야 한다. 일반적으로 부동산 클로징 변호사, 에스크로 회사 또는 소유권 보험 회사에서 이를 수행하는 역할을 한다.

소유권증서가 적법하게 되려면 다음의 조건을 충족시켜야 한다.

① 반드시 문서로 만들어져야 한다.

② 양도인(Grantor)의 이름이 명시되어야 하고 양도인은 적법한 자격이어야 한다. 가령, 미성년자는 적법한 자격이 안 된다.

③ 양수인(Grantee)의 이름이 명시되어야 한다.

④ 부동산의 법적 설명(Legal Description)이 명시되어야 한다.

⑤ 양도 조항(Granting Clause) 전달 문구가 있어야 한다. 즉, 양수인이 소유권증서에서 받는 권리와 해당 부동산에 대한 소유권을 가지게 되는 전달 문구가 있어야 한다.

⑥ 양도인의 서명이 포함되어야 한다. 이 경우 공증(Notarization)이 동반된다.

⑦ 전달(Delivery)과 수락(Accept) 과정이 있어야 한다. 소유권증서는 법적으로 양수인에게 전달되어야 하며 양수인은 이러한 증서

를 수락해야 한다.

이러한 요건을 갖춰야 부동산 소유권증서가 유효하며 부동산 취득이 마무리된다. 부동산 소유권증서가 등기된 경우 전달과 수락이 완료된 것으로 가정하는 경우가 많지만, 등기 자체가 소유권증서에 효력을 만드는 것은 아니다. 그러나 소유권증서의 등기는 양수인에게 매우 중요하다.

이러한 소유권증서는 양도인이 제공한 소유권 보증 유형에 따라 크게 다음의 4가지로 구분될 수 있다.

1. 권리보증 소유권증서(Warranty Deed)

권리보증 소유권증서는 앞으로 생길 수 있는 약속(Covenant)까지 양도인이 보증한다는 의미에서 양수인에게 유리한 증서라고 볼 수 있다. 이러한 권리보증 소유권증서는 일반보증 소유권증서(General Warranty Deed)와 특별보증 소유권증서(Special Warranty Deed)로 나뉜다.

a) 일반보증 소유권증서(General Warranty Deed)

소유권을 양도하는 데 사용되는 가장 일반적인 유형의 증서다.

일반보증 소유권증서는 양도인의 소유권과 판매에 대한 법적 권리를 확인하며 다음과 같은 5가지 약속을 포함한다. 이는 양도인이 소유권을 가지고 있는 기간과 소유권 이전의 기간을 포함한다.

① 점유권(Seisin)에 대한 약속: 양도인은 부동산을 소유하고 양도할 권리를 가지고 있다는 약속이다.

② 저당권(Encumbrance)에 대한 약속: 조세 유치권(Tax Lien) 또는 지역권(Easement)에 하자가 없다는 약속이다.

③ 조용한 향유(Quiet Enjoyment) 약속: 다른 사람의 소유권보다 우월한 좋은 소유권을 보증한다는 약속이다.

④ 추가 보증(Further Assurance)의 약속: 소유권증서의 보증이 필요할 경우 양도인은 추가 보증하겠다는 약속이다.

⑤ 영구적인 보증(Warranty Forever)의 약속: 양도인은 양수인이 부동산을 소유하는 한 소유권을 계속 보증한다는 약속이다.

이같이 일반보증 소유권증서는 소유권이 양도인에게서 양수인으로 완전히 양도되는 것을 보장하는 약속을 제공한다.

b) 특별보증 소유권증서(Special Warranty Deed)

특별보증 소유권증서는 위에서 언급한 다섯 가지 약속을 포함한다. 그러나 일반보증 소유권증서와는 달리 양도인이 부동산을 소유했을 때 발생한 문제에 대해서만 보증한다. 즉, 양도인이 부동산에 대한 소유권을 받았으며 소유권을 보유하는 동안 아무 문제가 없었음을 보증한다. 이러한 제한으로 인해 특별보증 소유권증서는 일반보증 소유권증서보다 양수인에게 제공하는 보호의 범위가 더 작다.

2. 부여 소유권증서(Grant Deed)

부여 소유권증서는 제한보증 소유권증서(Limited Warranty Deed)라고도 한다. 이 증서는 위의 다섯 가지 약속 중 두 가지 약속만 보증한다. 즉, 양도인은 양수인에게 점유권에 대한 약속과 저당권에 대한 약속만을 보증한다. 어떤 주에는 조용한 향유의 약속이 포함되기도 한다. 또한, 이 증서는 양도인이 부동산을 소유했을 때 발생한 문제에 대해서만 보증한다.

3. 할인 및 매매 소유권증서(Bargain and Sale Deed)

할인 및 매매 소유권증서는 일반적으로 차압을 통해 판매하는 부동산을 구매한 경우 양수인은 이러한 증서로 소유권 양도를 받게 된다. 소유권을 새 양수인에게 양도하지만, 저당권을 보장하지는 않는다. 이때 소유자는 조세 유치권, 지역권 같은 소유권에 문제가 발

미국 부동산이 답이다

생할 수 있다. 이러한 위험을 최소화하기 위해 압류된 부동산을 구매하기 전에는 소유권 검색을 하고 소유권 보험(Title Insurance)에 가입하는 것이 바람직하다.

4. 권리포기 소유권증서(Quit Claim Deed)

권리포기 소유권증서는 비보증 소유권증서라고 할 수 있다. 이 증서는 양도인의 재산 소유권을 확인하지 않는다. 소유권증서에 오류가 있어서 이를 바로잡을 때 이 증서를 사용하기도 하며, 양도인이 부동산 판매 과정을 통하지 않고 그의 자산을 고의로 증여할 때 사용하기도 한다. 이 증서는 조세 유치권이나 지역권과 같은 소유권의 무결을 보증하지 않으며, 따라서 유치권이나 저당권에 대한 법적 보호를 받을 수 없어, 충분한 신뢰도가 있거나 가족 구성원 간에 재산을 이전하고 소유권증서의 오류를 수정하는 데 주로 사용된다.

이처럼 미국 부동산을 취득할 경우 반드시 알아야 하는 미국 부동산의 소유 형태와 미국 각 주의 주법에 따라 다르게 적용되는 미국 부동산 소유권과 소유권증서에 관한 내용을 정리해 보았다. 이 부분만 알면 미국 부동산 취득 과정에서 접하게 되는 미국 부동산 소유권 관련 용어는 해결될 수 있을 거라고 본다.

4장

실전의 시간,
어떻게 투자할까?

미국 부동산은 이제 한국인도 쉽게 투자할 수 있을 뿐만 아니라 다양한 혜택도 누릴 수 있다. 미국 내국인들처럼 취득 과정에서 주택 담보 대출도 받을 수 있고, 미국 부동산을 보유하고 매각하는 과정에서 발생하는 세금도, 납세자 번호를 받아서 미국 국세청(IRS)에 세금 보고를 하는 경우 미국인과 같은 세금 혜택을 누릴 수도 있다.

차이가 있다면, 주택 담보 대출을 받을 때 Non QM(Non Qualified Mortgage)[11] 영역의 외국인 융자라는 프로그램으로 융자를 받는 경우, 내국인이 받는 일반 융자, 즉, 적격 대출(Conforming Loan)이나 비적격

---

11   일반적인 융자의 가이드 라인으로 융자가 힘든 경우 대안으로 해 주는 융자 프로그램

대출(Non Conforming Loan)과 비교할 때 다운 페이먼트(Down Payment)[12] 나 이자가 조금 높게 적용된다. 그리고 납세자 번호를 받아서 미국 국세청(IRS)에 세금 보고를 하지 않는 경우는 미국 부동산 보유 및 매각 과정에서 일정 비율을 원천징수하게 된다.

이번 장에서는, 미국 부동산 취득 과정, 보유 과정, 매각 과정에서 한국인이 미국 부동산을 매입하고 투자할 경우 알아야 하는 실질적이고 핵심적인 내용을 다루고자 한다.

---

12   전체 매입 자금 중 은행의 모기지 론을 빼고 현금으로 지급하는 부분

01

미국 부동산 취득 절차
한눈에 파악하기

한국 투자자가 미국 부동산을 취득하는 과정에서 알아야 하는 핵심적인 내용을 정리해보겠다. 미국 부동산 취득을 위한 절차는 다음과 같다.

[1] 미국 공인중개사 선임

미국에서 부동산을 매입하려는 지역의 공인중개사를 선임한다. 미국은 50개 주 정부로 구성된 국가로 지역별로 기후와 시간이 다르고 부동산 관련 법과 규정도 주마다 다소 차이가 있다. 또 부동산은 지역성에 상당히 민감해서 먼저 매입하려는 지역이 정해지고 난 후, 반드시 그 지역의 부동산 전문가를 선임해야 한다.

미국 내의 기관 투자자들이나 전문 투자자들 역시 그들이 거주하는 지역이 아닌 타 주에 투자할 경우는 반드시 그 지역에 거주하고 지역에 정통한 부동산 전문가를 선임하여 일을 진행한다. 한국과는 달리 미국에서는 매도자가 부동산 판매 중개수수료를 지불하기 때문에 매수자는 중개수수료를 전혀 내지 않는다. 따라서 매수자는 전문 공인중개사를 부담 없이 선임하면 된다.

[2] 사전융자승인서 또는 잔액증명서 준비

현금으로 미국 부동산을 매입하는 경우는 사고자 하는 부동산 가격 이상의 본인 자금을 증명하는 예금잔액증명서를 준비하여 선임한 공인중개사에게 제출하고, 외국인 융자를 받을 경우는 모기지론 은행에서 제공하는 사전융자승인서를 선임한 공인중개사에게 제출해야 한다.

선임한 공인중개사가 매수자가 원하는 지역에서 매수자의 예산에 가장 적합한 매물 정보를 매수자에게 제공하고, 사고자 하는 매물이 정해지면 오퍼를 작성하여 매도자에게 제출할 때 반드시 매수자의 예금잔액증명서나 사전융자승인서를 첨부해야 하기 때문이다.

미국 부동산 시장이 수요는 많고 공급이 적은 '셀러즈 마켓(Seller's Market)'일 경우에는 매물을 보기 전에 매수자로서 사전 준비를 철저히 하고 진행하는 것이 현명하다.

[3] 매물 검색 및 선정

한국과 달리 미국은 어떤 부동산 회사를 통해서 매물을 찾더라도 시장에 나와 있는 모든 매물을 찾을 수 있어 매물 선정을 위해 여러 군데의 부동산 회사에 의뢰할 필요가 없다.

한 부동산 회사에서 시장에 나오는 매물을 정리해서 시장에 올리면, 다른 모든 부동산 회사들은 그 매물을 각각의 부동산 회사에 의뢰한 매수자들에게 공유하고 매물을 보여준 뒤 오퍼를 넣는 과정으로 신행된다. 매물이 시장에 나올 때 판매 수수료는 이미 매도자와 공인중개사의 합의로 결정되어 있으며, 매매 계약이 체결되는 경우 매도자의 부동산 회사와 매수자의 공인중개사가 속해 있는 부동산 회사가 판매 수수료를 서로 분배하는 방식으로 이루어진다. 따라서 명확하고 투명한 방법으로 거래가 이루어지기 때문에 매물 정보 공유가 자유롭게 이뤄지는 것이다.

미국의 공인중개사들이 속한 부동산 회사는 모두 각 지역을 커버하는 Multiple Listing Services(MLS¹³)라는 온라인 플랫폼에 가입해 그들이 속해 있는 지역의 매물을 다른 부동산 회사들과 공유한다. 이를 통해 모든 공인중개사가 미국 전역의 매물을 공유하고 협력하여 판매를 극대화하고 있다.

일반인들이 미국 부동산 매물을 쉽게 접할 수 있는 온라인 플랫폼으로는 가장 일반적인 Zillow.com이나 좀 더 정확한 데이터를 다루는 Realtor.com, Redfin.com, 이외에도 Trulia.com 등이 있어 미국 어느 지역이든 원하는 대로 매물을 쉽게 접할 수 있다.

---

13   부동산 중개인들이 협력하여 부동산 매매에 대한 데이터를 제공하기 위해 구축한 데이터베이스

[4] 오퍼(Offer), 카운터 오퍼(Counter Offer), 오퍼 수락 (Acceptance)

매수자가 원하는 매물을 선정한 경우 부동산 구매의향을 오퍼를 통해서 매도자에게 전달한다. 이런 경우 오퍼를 넣는 시점의 미국 부동산 시장 상황을 면밀히 고려해 적절하고 현명한 오퍼를 매도자에게 전달해야 한다. 이때 매수자의 재정 상태를 보여주는 은행잔고증명서나 사전융자승인서를 함께 첨부한다.

수요가 적고 공급이 많은 '바이어즈 마켓(Buyer's Market)'일 경우는 매수자의 의향이 절대적으로 반영되어 오퍼나 카운터 오퍼가 진행되지만, 그 반대의 경우인 셀러즈 마켓일 경우는 오퍼를 작성할때 매도자의 입장을 충분히 고려하는 오퍼로 진행된다. 따라서 미국 부동산을 매입하려는 시기의 미국 부동산 시장의 흐름을 충분히 파악할 필요가 있다.

매도자가 매수자의 오퍼를 수락하지 않을 때는 주로 카운터 오퍼를 주는 경우가 많다. 이때도 미국 부동산 시장에 따라 카운터 오퍼의 내용이 매도자 위주인지 매수자 위주인지 결정된다.

이런 진행 과정에서 카운터 오퍼 없이 매수자의 오퍼가 한 번에 수락되이 계약이 체결되는 수도 있지만, 여러 번의 카운터 오퍼를 주고받아야 할 때도 있다. 이때 알아야 할 부분은 매수자의 오퍼가 매도자에 의해 카운터 오퍼로 매수자에게 다시 전달되는 순간 첫 번째 오퍼의 효력은 사라진다. 매도자의 카운터 오퍼를 기준으로 매수자가 다시 새로운 카운터 오퍼를 매도자에게 전달할지, 아니면 해당 카운터 오퍼를 수락할지를 결정해야 한다는 것이다.

이러한 과정을 통해서 매수자와 매도자가 최종 합의를 하면 계약이 체결된다.

[5] 계약 체결 및 계약금 송금

계약이 체결되면 매수자는 계약서에 명시된 계약금을 명시된 기간 안에 클로징 변호사(Closing Attorney)나 에스크로(Escrow) 회사의 에스크로 계좌로 송금해야 한다.

이 과정에서 한국에서 송금 절차가 시작된다. 송금 절차나 외국환거래 규정을 기준으로 한 해외 부동산 취득 관련 보고는 미국 부동산 취득 절차 과정의 아홉 번째 단계인 매수자의 잔금 송금 부분에서 다루기로 하겠다.

[6] 에스크로 오픈

미국은 안전한 부동산 거래를 위해 제삼자가 중립적으로 부동산 매매 계약서를 확인한 후 매수자가 지급해야 하는 금액을 확인하고 송금을 받아 매도자에게 전달하고 소유권을 이전해주는 에스크로를 활용한다.

미국은 주마다 부동산 관련 법과 규율이 다르기에 부동산 계약 체결 후 클로징 절차를 다루고 집행하는 과정에서 주마다 에스크로와 관련해 참여하는 중립적인 제삼자로 에스크로 회사, 혹은 클로징 변호사, 혹은 소유권 보증 보험 회사(Title Insurance Company)가 개입한다.

에스크로 회사가 클로징 절차를 다루고 집행하는 주는 캘리포니아, 오레곤, 네바다, 아이다호, 미네소타주 등이고, 클로징 변호사가 클로징 절차를 다루고 집행하는 주는 내가 거주하고 있는 조지아주를 비롯하여 아이오와, 코네티컷, 델라웨어, 사우스캐롤라이나, 메인주 등이다. 뉴욕주는 변호사가 클로징 절차를 다루고 클로징을 집행하나 매수자 변호사와 매도자 변호사가 동반해 클로징을 이끌어간다. 이러한 부동산 클로징 제도는 주법에 따라 수시로 변경될 수 있다.

에스크로 오픈 후 매수자는 융자 대출 절차를 진행하고 계약서에 명시된 특정 기간 내에 주택 검사, 소유권 확인, 감정평가(Appraisal) 등을 진행한다. 또한, 조건부 계약 조항(Contingency)이 최종적으로 충족되었을 경우 매도자가 대금을 받는 동시에 매수자에게 소유권 이전이 이루어지며 에스크로가 종결된다.

조건부 계약 조항에 대해서는 미국 부동산 취득 절차 과정의 여덟 번째 단계에서 상세하게 다루고자 한다.

[7] 주택 검사(Home Inspection) 및 부동산 실사(Due Diligence)

계약이 체결되면 매수자는 계약서에 명시된 기간 안에 주택 검사를 해야 한다. 계약서에 명시된 기간은 대략 계약일 기준으로 보통 이레에서 열흘 정도다. 부동산 시장의 상황에 따라 이 기간이 더 짧을 수도 있다. 이 기간 안에 매수자는 전문 주택 조사원(Home Inspector)를 선임해서 집에 문제가 있는지를 조사한다. 문제가 있는 경우는 그런 부분을 정리한 서류와 조사 보고서(Inspection Report)를 함께 매도자에게 전달하고 서로 합의해야 한다. 여기서 말하는 합의는 매도자가 고쳐주기로 한 부분에 한해서 고쳐주거나, 그 부분을 금액으로 계산하여 클로징때 매수자에게 환산해 주는 것이 대부분이다.

이렇게 합의된 내용은 반드시 매도자와 매수자의 서명을 받아 문서화한다. 서명이 끝나면 조건부 계약 조항의 하나인 주택 검사에 관한 부분이 매도자와 매수자 쌍방의 합의로 충족되며 이후 매수자는 주택 검사 내용으로는 더 이상 계약을 취소할 수 없게 된다. 그리고 이런 절차가 계약서에 명시된 기간 안에 모두 완료되어야 한다.

주마다 다소 차이가 있지만 주로 주택 검사는 부동산 실사 기간 안에 이루어진다. 부동산 실사는 정확히 어떤 의미이며, 매수자와 매도자에게 어떤 중요한 의미가 있는 것인지 알아보도록 하겠다.

조지아주를 기준으로 설명하자면, 조지아주는 '매수자 위험 부담 원칙(Caveat Emptor - Buyer Beware)' 주라고 볼 수 있다. 따라서 매수자는 계약이 체결된 이후, 계약한 집의 의문점을 최대한 관찰하고 조사하는 기간을 가져야 한다. 조지아주는 매수자가 주택 검사를 통해 집에 관련된 충분한 조사를 거쳐, 계약한 집을 클로징하게 하는 부동산 실사 기간을 인정하는 주이며, 매수자를 보호하는 옵션 계약(Option Contract[14])을 인정하는 주라고 볼 수 있다.

---

14   일방적인 계약으로 매도자는 매도의 의무가 있지만, 매수자는 매수 선택권이 있는 부동산 계약이다.

부동산 실사 기간은 매수자와 매도자가 서로 동의하는 기간으로 정해지는데, 주로 이레에서 열흘 정도로 하는 경우가 대부분이다. 그러나 셀러즈 마켓일 경우, 매수자는 계약을 체결하기 위해 매도자에게 유리한 조건으로 오퍼를 하는 경우가 대부분이라 이 기간이 짧다. 다수 오퍼(Multiple Offers)일 경우는 경쟁으로 인해 부동산 실사 기간을 아예 없애는(Waive) 것으로 매수자와 매도자가 합의하는 경우도 있다.

매수자와 매도자가 합의한 부동산 실사 기간 안에 매수자는 알아볼 수 있는 모든 것을 다 알아보는 게 좋다. 우선 매도자가 제공해주는 매도자 주택 자산 공개진술서(Seller's Property Disclosure Statement)[15]를 잘 검토하고, 주택 검사를 통해 그 집에 해당하는 주요 문제가 무엇인지(구조상 문제, 배관, 냉난방 시설, 기계의 결함, 지붕, 누출 문제 등) 자세히 살펴봐야 한다. 터마이트 인스펙션(Termite Inspection)[16], 라돈 인스펙션(Radon Inspection)[17] 같은 조사도 필요하다면 해보는 것이 좋다. 또 이 기간 안에 주택소유자협회 관련 사항이나 집이 위치한 동네에 관련한 사항들도 검토하는 것이 좋다. 매도자는 부동산 실사 기간 동안 매

---

15 매도자 주택 자산 공개진술서에서 매도자는 주택 가치에 부정적인 영향을 미칠 수 있는 모든 결함을 기본적으로 설명한다.
16 흰개미 검사로, 썩은 목재를 검사하고 목재를 손상하는 곤충을 찾는 검사
17 방사성 물질을 함유한 기체인 라돈이 집 내부에 유해한 수치로 남아있는지를 검사

수자가 하는 주택 검사나 질문에 최대한 협조해야 한다.

주택 검사를 통해 매수자는 우려하는 문제들을 요약하여 매도자에게 정식으로 수리를 요청할 수 있다. 매도자가 이를 수락하여 수리해 주거나 그 부분을 금액으로 계산하여 클로징 때 매수자에게 환산하면, 매수자의 부동산 실사는 끝나고 클로징 단계로 넘어가게 된다.

매수자와 매도자가 합의한 부동산 실사 기간 안에는 매수자는 어떤 이유를 막론하고 매수자 독단으로 계약을 파기(Termination)할 수 있다. 매수자는 이 기간 안에 계약을 파기하면 계약금을 회수할 수 있으나, 이 기간이 지나고 계약을 파기하는 경우는 매수자의 계약 위반 위약금으로 간주하여 계약금은 매도자에게 돌아가게 된다. 따라서 매수자 스스로 보호를 받을 수 있는 유일한 기간은 오직 부동산 실사 기간이다.

반면, 매도자는 부동산 실사 기간 안에 독단적으로 계약을 파기할 수 없다. 또한, 매도자는 부동산 실사 기간 안에 매수자가 요구하는 모든 수리 항목들을 모두 다 수리해줘야 한다는 규정도 없다. 다만 매도자는 매수자가 요구하는 수리 항목들이 합당하다고 판단하는 경우 또는 매도자가 클로징을 절실히 원할 경우는 매수자의 요구 사항을 수락하여 계약을 완성하게 된다.

따라시 셀러즈 마켓일 때 매도자는 실사 기간을 단축하길 원하며 아예 실사 기간을 원하지 않는 경우도 많다. 왜냐면 매도자에게는 매도자의 집이 시장에 더 머무를수록 비딩(Bidding)[18]경쟁을 통해 최고 가격을 받을 기회를 놓칠 수도 있기 때문이다.

▶ 주택 검사의 상세 예시

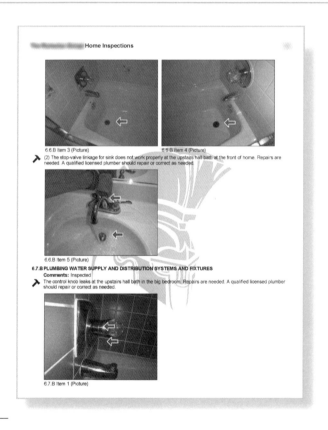

---

18   비딩(Bidding) 경쟁: 가격 경쟁.

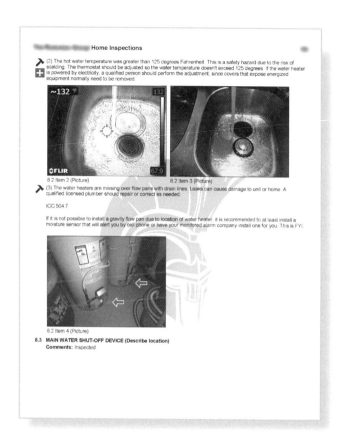

[8] 각종 조건부 계약조항 충족

　미국 부동산 계약서는 주로 다음의 4가지 조건부 계약조항을 포함하고 있다.

첫째, 주택 검사 조건부(Home Inspection Contingency)다. 이미 앞의 일곱 번째 단계에서 자세히 설명했듯 주택 검사를 통해 문제가 있는 경우 매수자의 요청하에 매도자가 수리 또는 변제해준다는 조건부 계약조항이다.

둘째, 감정가 조건부(Appraisal Contingency)다. 체결된 계약서에 명시된 기간 안에 매수자의 융자 은행에서 선임한 감정사가 집을 감정한 후 매도자의 집 감정가가 계약서에 명시된 판매가보다 낮으면 그 차액만큼 매도자와 매수자가 합의하여 판매가를 재조정할 수 있는 조항이다. 재조정이 안되는 경우는 매수자가 계약을 파기하고 계약금을 돌려받는 조건부 계약조항이다.

미국 부동산 시장이 바이어즈 마켓일 경우는 주로 집 감정가가 판매가보다 높게 나오는 경우가 많으며 셀러즈 마켓일 경우는 집 감정가가 판매가보다 더 낮은 경우가 많다. 이럴 땐 주로 매수자가 그 차액을 감당하고 진행하는 경우가 대부분이다. 융자 은행에서는 융자 심사를 할 때 주로 집 감정가를 기준으로 담보 대출 비율(LTV; Loan To Value Ratio)을 결정하기에 매수자에겐 당연히 감정가가 중요하다.

셋째, 체결된 계약서에 명시된 기간 안에 매수자의 융자가 최종

승인이 되는 조건부 계약조항(Financing Contingency)이다. 전통적인 주택 매입 과정에서 매수자들 대부분은 오퍼를 하기 전 사전융자승인서를 받아 매도자에게 오퍼를 전달할 때 반드시 첨부한다. 그러나 이러한 사전융자승인서는 최종 융자 승인을 의미하는 것은 아니다. 체결된 계약서에 명시된 기간 안에 매수자가 은행으로부터 최종 융자 승인을 받지 못하는 경우 매수자는 계약을 철회할 수 있으며 계약금을 돌려받을 수 있는 조항이다.

넷째, 체결된 계약서에 명시된 기간 안에 매수자가 현재 보유한 집을 팔고 매도자의 집을 사는 것으로 하는 조건부(Buyer's Home Sale Contingency) 계약이다. 체결된 계약서에 명시된 기간 안에 매수자가 보유한 집을 팔지 못하여 매도자의 집을 매입하지 못하는 경우 매수자가 체결된 계약을 철회하고 계약금을 돌려받을 수 있는 조건부 계약 조항이다.

이에 매도자는 킥 아웃 조항(Kick Out Clause)을 활용하여 최대한 매도자에게 유리한 조건으로 진행되길 바랄 것이다. 킥 아웃 조항이란 매수자가 매수자의 집을 체결된 계약서에 명시된 정해진 기간 안에 팔고 매도인의 집을 사는 조건부 조항을 추가할 경우, 매도자는 매수자와 계약한 상태에서 매도인의 집을 시장에 두고 다른 매수자들의 오퍼를 받을 수 있는 조항이다.

만약 매도자가 다른 매수자의 오퍼를 받으면 이미 계약한 매수자에게 이 사실을 알리고 정해진 기간 안에 매수자의 집을 팔고 매도자의 집을 사는 조건부를 없애든지, 아니면 계약 철회를 하고 다른 매수자의 오퍼를 수락하는 조항이라고 볼 수 있다.

킥 아웃 조항과 관계없이 보통 매도인은 이러한 조건부 계약은 선호하지 않는다. 수요가 적고 공급이 많은 바이어즈 마켓일 때는 보통 매물이 시장에 머무르는 기간이 길어진다. 이 경우 매도자가 집을 팔 기회를 넓히고 싶을 때 이러한 조항을 수락할 것이다. 그러나 셀러즈 마켓일 때라면 매도자 대부분은 이런 조건부 조항을 수락하지 않는다.

[9] 매수자의 잔금 송금

클로징 직전 단계로, 에스크로 회사나 클로징 변호사는 최종정산명세서(Settlement Statement)[19]를 제공한다. 최종정산명세서란 매수자의 다운페이먼트와 클로징 비용, 클로징 날짜를 기준으로 매수자와 매도자 사이에서 배분되는 부분(Proration)들을 기준으로 매수자가 지

---

19   부동산 거래의 최종정산명세서로 매도자와 매수자에 대한 모든 비용, 환불과 지출을
      나열한 문서

급해야 하는 금액, 매도자가 최종으로 받아가는 금액을 모두 계산한 명세서다. 이에 매수자는 클로징 때 최종적으로 지급할 금액을 에스크로 회사나 클로징 변호사의 에스크로 계좌로 송금해야 한다.

이러한 송금 과정에서, 한국 거주자가 한국에서 송금할 때 한국의 외국환거래 규정에 따라 해외 부동산 취득 신고서를 작성하여 보고해야 한다. 해외 부동산을 취득하기 위해서 거래하는 외국환은행을 통해 해외 부동산 취득 신고서를 작성하고 취득 대금을 송금한 후 3개월 이내에 거래하는 외국환은행에 해외 부동산 취득 보고서를 작성하여 제출해야 한다.

해외 부동산 취득 대금을 송금할 때, 거래하는 외국환은행에서 요구하는 서류는 부동산 매매 계약서, 부동산 감정평가서나 이와 동등한 서류, 융자를 받는 경우 융자 대출 서류, 매도자의 실체 확인 서류와 납세 증명서 등이다.

만약 미국 현지 법인을 설립해서 그 법인이 미국 부동산을 취득하는 경우는 먼저 미국 현지 법인을 설립한 뒤 미국 현지에서 법인 소유의 은행 계좌를 만든다. 그 후 해외직접투자 신고서와 사업계획서를 외국환은행에 제출하면, 미국 현지 법인 소유의 은행 계좌로 송금할 수 있다.

▶ 해외 부동산 취득 신고서

〈지정서식 제9-26호〉

해외 부동산 취득 신고(수리)서 (□ 본신고 □ 내신고)			처리기간	
신 청 인	성 명(법 인 명)	(인)	주민(사업자)등록번호	
	주 소(소재지)	(주소) (전화번호) (e-mail)		
	업 종(직업)			

신 청 내 역	취 득 인	(성명) (주민/사업자등록번호) (주소) (전화번호)		
	취 득 상 대 방	(성명) (전화번호) (주소)		
	부 동 산 의 종 류	□ 주택 □ 토지 □ 상가 □ 기타( )		
	취 득 목 적	□ 주거 □ 주거이외(투자 등) □ 임차(임차기간 : . . . ~ . . .)		
	소 재 지			
	면 적			
	취 득 가 액		현지통화	미달러 환산액
	총취득금액(A = B + C)			
	국내 송금액(B)	취득자금 국내송금액		
		모기지론(원리금상환송금예정금액)		
	현지조달액 (C)	모기지론(원리금상환현지조달금액)		
		기 타 :( )		
	취득자금수취 인	수 취 인 명		
		신고인과의 관계	□중개인 □본인 □배우자 □기타	

외국환거래법 제18조의 규정에 의하여 위와 같이 신고합니다.

                                                          년   월   일

지정거래외국환은행의 장 귀하

신청(신고)인 귀하 위의 신고를 다음과 같이 신고수리함	신고(수리)번호	
	신고(수리)금액	
	유 효 기 간	

신고수리 조건 : 사후관리서류를 기일내에 제출할 것

                                                          년   월   일

                          신고수리 기관 :   (인)

                                                    210㎜×297㎜

〈첨부서류〉
1. 부동산매매(임대차) 계약서   2. 부동산감정서 3. 기타 부동산 취득신고수리시 필요한 서류

출처 : 전국은행연합회

▶ 해외 부동산 취득 보고서

<지침서식 제9-28호>

해외 부동산 취득 보고서
(신고인 :　　　　　전화 :　　　　　　)

1. 부동산 취득 명의인
   가. 성명 또는 법인명 :
   나. 주민등록번호(사업자등록번호) :
   다. 주소 또는 소재지 :

2. 부동산 취득 공동명의인
   가. 성명 또는 법인명 :
   나. 주민등록번호(사업자등록번호) :
   다. 주소 또는 소재지 :

3. 취득의 상대방
   가. 상호 또는 성명 :
   나. 주소 또는 소재지 :

4. 부동산 취득 내용
   가. 신고수리에 관한 사항 :
      (1) 부동산취득 신고수리일 및 신고수리번호 :
      (2) 부동산 취득 등기일 :
   나. 부동산의 내용
      (1) 내역
         (가) 종　류 :
         (나) 건　평 :
         (다) 대　지 :
      (2) 소재지 :
      (3) 취득가액
         (가) 건물가격 :
         (나) 대지가격 :
         (다) 부 대 비 :
      (4) 부동산 관리자
         (가) 주　　소 :
         (나) 성　　명 :
         (다) 취득자와의 관계 :

5. 기　　타

6. 첨부서류
   가. 등기부등본 등 취득 입증서류(부동산 소유권 취득에 한함)
   나. 부대비 영수증(부동산 취득세 납부증명 포함)
   다. 기　　타

※ 본 보고서는 부동산 취득자금 송금후 3개월 이내에 제출할 것

- 220 -

출처 : 전국은행연합회

(별지 제9-1호 서식)

해 외 직 접 투 자 신 고 서[보고서]			처리기간	

신고인 (보고인)	상 호		사업자등록번호	
			법인등록번호	
	대 표 자	(인)	주민등록번호	
	소 재 지		전화번호 :	
	업 종			

해외직접투자내용	투 자 국 명		소 재 지(영문)	
	투 자 방 법	□증권투자 □대부투자	자 금 조 달	□자기자금 □기타
	투 자 업 종 (표준산업분류코드)	( )	주 요 제 품	
	투자금액(취득가액)		출자금액(액면가액)	
	투 자 비 율		결 산 월	
	투 자 목 적			
	현 지 법 인 명(영문)		(총자본금 :)	
	사후관리 (증권/채권 취득보고)기일 통지 신청 ※ 개인 및 개인 사업자 限		□ SMS □ E-mail □ 미신청	

외국환거래법 제18조의 규정에 의거 위와 같이 신고(보고)합니다.

년 월 일

외국환은행의 장 귀하

위와 같이 신고(보고)되었음을 확인함	신 고 번 호	
	신 고 금 액	
	유 효 기 간	

피신고(보고)기관 : 외국환은행의 장

210mm×297mm

첨부서류〉 1. 사업계획서(자금조달 및 운영계획 포함)
2. 합작인 경우 당해 사업에 관한 계약서
3. 외국환거래법 시행령 제8조제1항제4호에 규정한 금전의 대여에 의한 해외직
투자인 경우에는 금전대차계약서
4. 해외투자수단이 해외주식인 경우,당해 해외주식의 가격적정성을 입증할 수 있는 서류
※ 업종은 통계청 한국표준산업분류표상 세세분류코드(5자리) 및 업종명을 기
※ 출자금액란에는 액면가액과 취득가액이 상이한 경우 액면가액을 기재

출처 : 국가법령정보센터

미국 부동산이 답이다

<지침서식 9-1호>

사업계획서

☐ 증권투자(1.신규투자 2.증액투자)   ☐ 대부투자   ☐ 제재기관 보고후 사후신고

1. 투자자 현황

상호 또는 성명		설 립 연 월 일	
소 재 지(주 소)			
투 자 자 규 모	☐ 대기업 ☐ 중소기업 ☐ 개인사업자 ☐ 개인 ☐ 기타(비영리단체 등)		
투자자 법인성격	☐ 실제영업법인 ☐ 특수목적회사(SPC)[1]		
외국인투자기업[2] 여 부	☐ 아니오	☐ 예 - 최대주주명: (지분율: %)[3] - 최대주주 소속 국가 :	
총 자 산	백만원	자기자본(자본금)	( )백만원
업 종 (제 품)		담당자 및 연락처	

주) 1. SPC는 고용, 생산활동 및 물적 실체가 거의 없으며, 자산·부채는 타국에 대한 또는
       타국으로부터의 투자로 구성되고 해외직접투자자에 의해 관리되는 법인임
    2. 외국인투자기업은 외국투자자가 외국인투자촉진법에 의해 출자한 기업임
    3. 지분율이 50%를 초과할 경우 최대주주의 최대주주 소속국가:＿＿＿＿＿＿＿
       및 최대주주명:＿＿＿＿＿＿＿＿   (지분율: %)

2. 현지법인 현황

법 인 명		대 표 자	
법인형태	☐ 법인 ☐ 개인기업 ☐ 기타 ☐ 해외자원개발사업 (☐ 법인설립 ☐ 법인미설립)	설립(예정)일	년 월 일 ☐ 자본금 미납입
총자본금		종업원수	한국인: 명, 현지인: 명
투자형태[1]	☐ 단독투자 ☐ 공동투자 ☐ 합작투자(지분율: %)		
주투자자 내역	상호	사업자번호	
	대표자명	법인등록번호	
법인성격	☐ 실제 영업법인 ☐ 특수목적회사(SPC) -최종 투자목적국: -최종 투자업종:	설립형태	☐ 신설법인 설립 ☐ 기존법인 지분인수 -지분인수비율: % (구주: %, 신주: %)[2]
지배구조	☐ 비지주회사 ☐ 지주회사(자회사수: 개, 주된 매출 자회사 업종:)		
투자목적 (택 일)	☐ 자원개발 ☐ 수출촉진 ☐ 보호무역타개 ☐ 저임활용 ☐ 선진기술 도입 ☐ 현지시장 진출 ☐ 제3국 진출		

- 171 -

출처 : 전국은행연합회

[10] 최종 검토 및 점검 단계(Final Walk Through)

클로징 하기 전 집을 최종적으로 검토하고 점검하는 단계다. 집이 계약 전과 비교했을 때 달라진 점이 없는지, 매도자가 고쳐주기로 한 부분이 제대로 고쳐졌는지 등을 확인하는 최종 과정이다.

[11] 클로징 완료

에스크로 회사나 클로징 변호사가 융자 은행에서 융자 승인 서류를 받아 매수자의 서명을 받고 최종정산명세서에 매도자와 매수자의 서명을 받는다. 이후 융자 은행에서 승인된 매수자의 대출 금액이 에스크로 회사나 클로징 변호사의 에스크로 계좌로 송금되며, 계약서에 명시한 대로 각각의 참여자들에게 정산한 뒤 클로징이 완료된다.

[12] 소유권 이전

클로징이 완료되면, 에스크로 회사나 클로징 변호사는 소유권 이전 등기(Recording)를 신청하게 된다. 전자 등기가 가능한 경우에는 24~48시간 정도 소요되며 전통적인 방법으로 진행할 경우 클로징 완료 후 30~45일 정도 소요될 수 있다. 매입하는 집이 위치한 카운티별로 등기 방법이나 소요 기간이 다를 수 있다.

미국 부동산이 답이다

미국 부동산 클로징과 관련해서 숙지해야 할 부분들을 간추렸다. 클로징 때 최종정산명세서에서 확인할 수 있고 단 한 번 납부하는 지방세와 소유권 보험, 클로징 때 참석이 불가할 경우 이용하는 부동산 위임장을 정리했다. 미국은 부동산 취득 시 취득세는 없으며, 나머지 부분들은 미국 주마다 다소 차이가 있으나 내가 거주하는 조지아주를 기준으로 삼았다.

1. 취득세

미국은 부동산 취득 시 취득세가 없다.

2. 소유권 양도세(Transfer Tax)

소유권 양도세는 조지아주의 지방세로 클로징 단계의 최종정산명세서에서 주로 보게 된다. 이는 A라는 집주인에서 B라는 새 집주인으로 명의를 변경할 때 부과되는 세금으로 클로징 때 단 한 번 납부한다. 명의변경 시 해당 주택이 위치한 카운티 사무소(County Office)에 등기하는데 그때 소유권 양도세를 내야만 등기가 가능하다.

소유권 양도세는 어느 정도일까? 대체로 1,000달러 당 1달러의 비율이 적용된다. 즉 30만 달러짜리 집의 소유권 양도세는 300달러가 부과되는 것이다.

소유권 양도세는 부동산 매매 시 부과되며 집을 재융자하거나 집주인의 명의를 권리 포기 소유권증서(Quit Claim Deed[20])로 변경하는 경우에는 소유권 양도세가 부과되지 않는다.

3. 무형자산세(Intangible Tax)

무형자산세는 조지아주의 지방세로 클로징 단계의 최종정산명세서에서 주로 보게 된다. 매수자가 융자를 받아서 집을 구매할 경우 돈을 빌려주는 융자 은행에서 채권(Note)과 담보설정문서(Security

---

20   미권리 포기 소유권양도증서는 가족간 부동산 명의를 이전하거나 이름 철자 오류와 같은 소유권의 결함을 수정하기 위해 주로 사용된다.

Deed를 발행한다. 이런 문서들은 담보 설정 대상이 위치한 지역의 카운티 사무소에서 등기된다. 이때 부과되는 세금을 무형자산세라고 한다.

무형자산세는 채권과 담보 설정 문서가 발행되는 시점에서 90일 안에 납부해야 한다. 융자 은행에서 납부해야 하는 세금이지만 주로 채무자에게 그 비용을 전가하고 있다. 이 세금은 500달러당 1.5달러 또는 1,000달러당 3달러의 비율로 계산되며 융자 금액을 기준으로 한다. 예를 들어 30만 달러짜리 집을 살 때 융자 금액이 20만 달러일 경우 부과되는 무형자산세는 20만 달러 × 0.003 = 600달러가 되는 것이다. 그리고 채권당 최대부과금액은 2만5,000달러다.

4. 소유권 보험(Title Insurance)

클로징 때 최종정산명세서에서 소유권 보험이라는 것을 볼 수 있다. 이 소유권 보험은 집을 구매하거나 재융자를 할 때 요구되는 소유권에 관한 보험이다. 이러한 소유권 보험에는 두 가지가 있으며, 각각 대출자보험증서와 소유자보험증서라고 한다.

집을 구매할 때 모기지 론을 받을 경우, 돈을 빌려주는 융자 은행은 빌려주는 금액을 보호하기 위해 매수자에게 대출자소유권보험증서(Lender's Title Insurance Policy)를 구매하도록 요구한다. 이러한 대출자보험증서는 오로지 융자 은행에서 빌려주는 대출 금액을 보호받기 위함이지, 집주인이 되는 매수자의 소유권까지 보호해주는 것은 아니다.

매수자가 나아가 소유권을 보호받기 원한다면, 소유자소유권보험증서(Title Insurance Owner's Policy)를 구매하는 것이 좋다. 소유권 보험은 클로징 때 단 한 번 보험금을 지급하면 집주인이 그 집을 소유하는 동안 소유권에 무슨 문제가 있더라도 그 문제를 해결하는 비용까지 다 보상받을 수 있으며 상속인도 똑같은 보장을 받을 수 있다.

소유권에 발생할 수 있는 문제는 주로 클라우드 타이틀(Cloud Title)이라는 명백하지 않은 예전 집주인의 기록, 즉 일련의 소유권 이전이나 변화(Chains of Ownership) 중 예전 주인이 그 집의 소유권과 관련하여 소송하는 경우가 될 것이다. 다시 말해, 집이 지어지기 전의 땅 주인이 될 수도 있고, 소유권 체인 기록에 나타나지 않은 숨은 상속인이 될 수도 있고, 울타리나 부동산 소유권 경계선 침범(Property Line Encroachment)으로 분쟁이 끝나지 않았던 경우, 부적절한 차압, 불분명한 행정상 오류에 의한 실수로 소유권이 잘못 기록된 경우 등이 주로 분쟁이 발생하는 경우다.

소유자소유권보험증서는 구매하기 직전 집주인과 관계된 문제

뿐만이 아니라, 그 이전의 주인이 집 소유권에 소송할 경우, 그 소송에 들어가는 경비까지 모두 보장받는다는 내용이 포함되어 있다.

소유권 보험의 금액은 주택 가격의 0.5~1% 정도로 1,000달러 당 0.5달러, 0.7달러 또는 1달러 식으로 계산할 수 있다. 예를 들어 30만 달러의 집일 때 비율이 0.5%면, 소유권 보험 산정금액(Title Insurance Premium)은 1,500달러가 된다. 그리고 클로징 때 한번만 지불하면 집을 소유할 동안 보험혜택을 받는다. 이 청구액은 소유권 보험 회사(Title Insurance Company)마다 다르며 소유권 보험은 클로징을 집행하는 클로징 변호사나 소유권 회사(Title Company)에서 다루어진다.

5. 위임장(Power Of Attorney)

매도자나 매수자가 클로징 단계에서 클로징에 참여하지 못하는 부득이한 경우, 참여하지 못하는 당사자는 클로징 변호사가 제공하는 위임장을 받아 한 명 이상의 증인(Unofficial Witness)과 공증인(Notary Public) 앞에서 서명하고, 그들의 서명과 더불어 공증이 된 위임장 원본을 클로징 담당 변호사나 에스크로 회사에 제출한다. 이렇게 위임을 받은 대리인은 그들을 대신하여 서명할 수 있다.

부동산 위임장은 본인이 선택한 사람. 즉, 대리인에게 본인을 대신하여 행동할 권한을 부여하는 법적 문서로, 이는 본인의 권한을 대리인에게 이전하는 것이 아니라 본인을 대신하여 행동할 수 있는 권한만 부여한다. 따라서 부동산 위임장에는 본인이 대리인에게 부여하는 위임권의 한계가 분명하게 명시되어 있으며, 아울러 위임장의 유효 기간도 정확하게 명시되어 있다.

위임장을 부여하는 대상은 18세 이상이어야 하고, 완전한 정신적 통제 능력을 갖추어 대리인이 본인을 대신하여 행동하는 부분이 무엇인지 정확하게 이해하고 있어야 하며 대리인에게 부여되는 권한을 알고 있어야 한다.

부동산 위임장에서 위임권을 부여하는 본인을 '주체자(Principal)'라 하고, 위임권을 부여받은 대리인을 '위임장에 의한 대리인(Attorney in Fact)'이라 부른다. 부동산 클로징을 위한 위임장은 대부분 '제한된 위임장(Limited Power Of Attorney)'이나 '특별 위임장(Specific Power Of Attorney)'으로 분류한다.

부동산 위임장은 각 주의 주법에 따라 형식과 서명의 요구 사항이 다소 다를 수 있다.
조지아주를 기준으로, 부동산 위임장이 유효하려면 다음과 같은 특정한 방식으로 주체자, 증인, 공증인 모두 서명해야 한다.

미국 부동산이 답이다

① 주체자가 서명하거나 주체자의 직접적인 지시에 따라 주체자의 입회하에 다른 개인이 서명하고 한 명 이상의 증인과 공증인이 함께 서명해야 한다.

② 부동산 위임장에 서명할 때 주체자, 증인, 공증인이 모두 함께 있어야 한다.

③ 조지아주 외부에서 발행되는 부동산 위임장은 부동산 위임장에 적용 가능한 것으로 명시된 주법을 준수해야 한다.

④ 조지아주 이외 지역의 부동산 위임장에 어떤 법률이 적용되는지 명시되어 있지 않으면, 부동산 위임장이 발행된 주의 법을 준수해야 한다.

한국에 거주하는 투자자가 미국 부동산을 취득하기 위한 마지막 단계인 클로징 과정에서 클로징 참석이 불가할 경우 주로 부동산 위임장을 통해 클로징을 하게 되는 경우가 많다. 이 경우 한국에서는 부동산 위임장의 공증을 주한 미국 대사관에서 받거나, 아포스티유로 공증을 대신할 수 있다.

After Recording Return To:
Law firm

STATE OF GEORGIA
COUNTY OF GWINNETT

LIMITED POWER OF ATTORNEY

KNOW ALL MEN BY THESE PRESENTS THAT I, BUYER THE UNDERSIGNED, OF Forsyth COUNTY, Georgia HAVE MADE, CONSTITUTED AND APPOINTED, AND BY THESE PRESENTS DO MAKE AND APPOINT BUYER'S ATTORNEY-IN-FACT AS MY TRUE ANDLAWFUL ATTORNEY-IN-FACT, to act in my name, place and stead for the purpose of refinancing the property known as **PROPERTY ADDRESS** and being more particularly described in **Exhibit "A"** which is attached hereto and incorporated by reference herein, for that purpose for me and in my name, place and stead, and for my use and benefit, as my act and deed, to do and execute any and all things necessary or desirable to effect the purchase of said property, including, but not in limitation thereof the following:

To procure a loan in the total amount of **$LOAN AMOUNT** with a loan numberLOAN NUMBER; to execute a Note evidencing said indebtedness and a security deed on forms acceptable to said Lender; to approve a closing statement, disclosure and loan disbursement statement; to execute any and all loan company forms required or necessary to effect the foregoing; to endorse checks, drafts or money orders evidencing said loan; and generally to execute and deliver all forms or documents executed and delivered in connection with the financing thereof.

Giving and granting unto any said Attorney-in-Fact full power and authority to do and to perform all and every deed, act, matter and thing, whatsoever in and about the foregoing as fully and effectually to all intents and purposes as we might or could do in my own proper person if personally present, the above specifically enumerated powers being in said an exemplification of the full, complete and general powers hereinabove granted, and not in limitation thereof; and hereby ratify all that my said Attorney-in-Fact shall lawfully do or cause to be done by virtue of these presents.

This power of attorney shall not be affected by my disability or incompetence. This power of attorney shall expire **120** days from the date hereof or upon the consummation of the closing contemplated herein, whichever event first occurs, unless earlier revoked. This power of attorney may be revoked by written instrument executed by me, which is recorded in the office of the clerk of the Superior Court of Fulton County, in which the property is located.

I hereby declare that any act or thing lawfully done hereunder by said Attorney-in-Fact shall be binding on me, my heirs, legal and personal representatives and assigns, whether the same shall have been done before or after my death, or other revocation of this instrument, unless and until reliable intelligence or notice thereof shall have been received by said Attorney-in-Fact and those persons relying upon the representations of said Attorney-in-Fact.

Signed, sealed and delivered in our
presence and executed by us this
_____ day of _____M 2022

_____   _____
Unofficial Witness   BUYER

_____
Notary Public
My commission expires:
(seal)

Exhibit "A"

LEGAL DESCRIPTION OF THE PROPERTY

After Recording Return To:
LAW FIRM

SPECIAL POWER OF ATTORNEY

KNOWN ALL MEN BY THESE PRESENTS, that SELLER do hereby nominate, constitute and appoint SELLER'S ATTORNEY-IN-FACT as my true and lawful attorney-in-fact for me and in my name, place and stead, and for my use and benefit to do all of the following things and to exercise all of the following powers, to-wit:

(1) To sell the property located at PROPERTY ADDRESS being more particularly described in Exhibit "A" attached hereto.

(2) To enter into and/or consummate a contract, under terms and conditions acceptable to the above described Attorney-in-Fact.

(3) To execute and deliver deeds, with or without warranty, and all closing documents including, but not limited to, closing statements, Non-Foreign Affidavits, Affidavits of Purchaser and Seller, acknowledgements, Seller's Affidavits, Warranty Deeds and any other document of every kind and character necessary to consummate the sale of, and convey title to, the Property set out above.

(4) to sign, endorse, receive, deposit or issue checks, other obligations or instruments, in connection with the above transaction, upon such terms as said attorney in fact may deem advisable or satisfactory; and

(5) to do any other thing or perform any other act, not limited to the foregoing, which may be necessary to effectuate the desires set forth above.

My said attorney-in-fact shall have the power to execute in my name and on my behalf any and all documents of whatever kind necessary to exercise the power granted to him/her by this instrument, and my said attorney-in-fact shall have full power and authority to do and perform any and all and every act and everything whatever requisite and necessary to be done in my behalf as fully to all intents and purposes as I might or could do if personally present.

This power of attorney shall not be affected by my disability and shall expire upon the consummation of the sale of the above described property or revoked by me by written notice to my attorney-infact and to any person who may rely or act upon this Special Power of Attorney

I hereby declare that any act or thing lawfully done hereunder related to the sale of the Property by my said attorney-in-fact shall be binding on me, my heirs, representatives and assigns, and I hereby ratify and confirm everything my attorney-in-fact shall do by virtue of this Special Power of Attorney.

IN WITNESS WHEREOF, the undersigned has hereunto set their hands and seals this _____ day of _____ 2022.

Signed, sealed and delivered in the presence of:

_____   _____(seal)
Unofficial Witness   SELLER

_____
Notary Public
My Commission Expires:
(seal)

EXHIBIT "A"

LEGAL DESCRIPTION OF THE PROPERTY

6. 아포스티유(Apostille)

한국에 거주하는 투자자가 미국 부동산을 취득하는 과정에서 미국의 부동산 위임장에 공증을 받는 과정이 자유롭지 못한 경우가 종종 있다. 특히 코로나 이후 거의 2년 동안 움직임이 제한되는 경우가 많아 정해진 클로징 날짜에 맞추어 주한 미국 대사관에서 공증을 받기가 쉽지 않았다. 이런 경우 아포스티유로 공증을 대신할 수 있다.

아포스티유란 다른 국가에서 사용하기 위한 서류에 한 서명을 자국에서 공식적으로 인증하는 확인증서라고 볼 수 있다. 외국 공문서에 대한 인증요구를 폐지하는 협약인 헤이그 아포스티유 협약(Hague Apostille Convention)의 아포스티유 조약(Apostille Treaty)에 의해 아포스티유로 공증을 대신할 수 있게 되었다. 즉, 헤이그 아포스티유 협약에 가입한 국가 중 어떤 가입국에서 문서를 발행하면 다른 모든 가입국에서 합법적으로 인증되는 것이다.

따라서 아포스티유 협약에 의한 인증을 아포스티유라고 부른다. 이는 한 국가의 공증과 비견할 만한 국제 인증이다. 두 국가 사이에 협약이 적용되면 아포스티유만으로 문서의 유효성을 공증하기에 충분하며 이중 인증이 불필요하다.

한국은 헤이그 아포스티유 협약에 따라 외교부와 법무부가 협약가입국가 문서의 관인 또는 서명을 대조하여 진위를 확인하고 아포스티유를 발급한다. 따라서 아포스티유가 부착된 공문서는 주한 미국 대사관 영사의 확인 없이 협약가입국에서 공문서의 효력을 인정받게 된다.

미국 부동산이 답이다

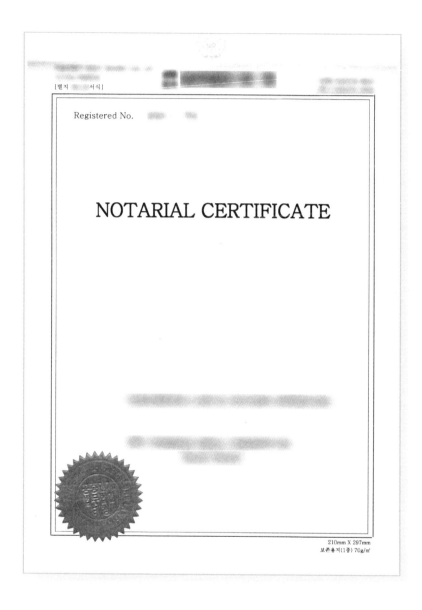

Prepared by:

Return to:

STATE OF GEORGIA
COUNTY OF GWINNETT

SPECIFIC POWER OF ATTORNEY

KNOWN ALL MEN BY THESE PRESENTS that I ▮▮▮▮▮▮▮▮▮, have made, constituted and appointed, and do by these presents make, constitute and appoint, ▮▮▮▮▮▮▮▮▮ , my true and lawful Attorney-In-Fact to execute certain documents wherein I agree to purchase or refinance the following described property having an address of 2667 PEARL RIDGE TRACE, BUFORD, GA 30519 and being more particularly described as follows:

SEE EXHIBIT "A" ATTACHED HERETO AND MADE A PART HEREOF BY REFERENCE

To procure a loan from ▮▮▮▮▮▮▮▮▮▮▮▮▮▮ in the amount of $▮▮▮▮▮▮ for a term not to exceed 30 years, bearing interest not to exceed the maximum rate allowed for such loans under any Federal or State law, with which to purchase or refinance said property; to execute a note evidencing said indebtedness and security deed on forms acceptable to said Lender; to approve a closing statement, disclosure and loan disbursement statement; to execute any and all lending institution forms required or necessary in the sole discretion of said lending institution to effect the foregoing; to endorse checks, drafts or money orders evidencing said loan, and generally to execute and deliver all forms or documents necessary in connection with the purchase or refinance of the above-described property, and in connection with the financing thereof by said lending institution.

Giving and granting unto my said Attorney-in-Fact full power and authority to do and to perform all and every deed, act, matter and thing, whatsoever in and about the foregoing as fully and effectually to all intents and purposes as we might or could do in my own property person if personally present, the above specifically enumerated powers being in aid and exemplification of the full, complete and general powers hereinabove granted, and not in limitation or dimunition thereof; and hereby ratify all that said Attorney-in-Fact shall lawfully do or cause to be done by virtue of these presents.

This power of attorney shall not be affected by my disability or incompetence. This power of attorney shall remain in effect unless revoked by written instrument recorded in the office of the Clerk of the Superior Court of the county in which the property is located.

IN WITNESS WHEREOF, I have set my hand and affixed my seal on this ▮▮▮▮▮▮▮▮▮

Signed, sealed and delivered in the presence
of the undersigned this:

_____
Unofficial Witness

_____
Notary Public

File No.: B211437

Legal description of the property

Being Parcel No.:

등부 년 제 호   Registered No.

인   증   NOTARIAL CERTIFICATE

위 특별 위임장 ----------------

에 기재된 ------------------

-------------------------   personally appeared before me and

-------------------------   admitted his(her) subscription to the

은 본 공증인의 면전에서 위 사서증서에   attached   SPECIFIC POWER OF ATTORNEY

자기가 서명 - 한 것임을 자인하였다.   ----------------------------

----

20 년 월 일   This is hereby attested on this

이 사무소에서 위 인증한다.   14th day of Sep. 2021 at this office.

공증사무소 명칭   Name of the office

소 속   Belong to

소재지표시

Address of the office

공증인 공증담당변호사   Signature of the Notary Public

본 사무소는 인가번호 제 호에 의거하여   This office has been authorized by the

 년 월 일 법무부 장관으로부터   Minister of Justice, the Republic of

공증인 업무를 행할 것을 인가 받았다.   Korea, to act as Notary Public Since

                   Under Law No

210mm X 297mm
보존용지(1종) 70g/㎡

APOSTILLE
(Convention de La Haye du 5 octobre 1961)

1. Country : Republic of Korea

This public document

2. has been signed by ████████████

3. acting in the capacity of **Notary Public**

4. bears the seal/stamp of ████████████████████

Certified

To verify the Apostille, please refer to the website below.
https://www.apostille.go.kr

5. at **Seoul**   6. the ████████

7. by **The Ministry of Justice**

8. No. ████████████

9. Seal/stamp   10. Signature

02

자산관리의 첫걸음,
부동산 보유 과정

 한국인이 미국 부동산을 보유하는 과정에서 알아야 하는 핵심적인 내용을 정리해보겠다. 미국 부동산을 보유하는 과정에서 알아야 하는 내용은 주로 미국의 세금 관련 제도와 부동산 관련 세금 혜택이며, 보유 기간 중 임대소득을 통해 창출할 수 있는 안정적인 현금흐름과 더불어 부동산 자산관리 부분이 중요할 것이다.

 그럼 순서대로, 미국의 재산세, 외국인 임대소득에 대한 30% 원천징수, 부동산 보유 시 알아야 하는 미국 세금공제 혜택, 해외 부동산 임대소득에 관한 세금 보고, 임대소득에 의한 현금흐름 극대화 및 부동산 자산관리를 알아보자.

1. 재산세(Property Tax)

부동산을 보유하면 1년에 한 차례 재산세가 부과된다. 이는 지방세이며, 보유하고 있는 부동산이 위치한 카운티별로 세율이 다르게 적용되어 부과된다.

미국 전체의 재산세 분포는 부동산 가치의 0.5~2.5%로 다양하지만, 주별 평균 재산세를 비교해 보면 캘리포니아주가 0.70%, 조지아주는 0.87%, 뉴저지주가 2.13% 정도다. 조지아주의 카운티별 평균 재산세는 귀넷 카운티(Gwinnett County) 1.19%, 풀턴 카운티(Fulton County) 1%, 포사이스 카운티(Forsyth County)가 0.77% 정도다.

미국에는 종합 부동산세는 없다. 부동산 보유세로는 오직 재산세만 있다.

2. 외국인 임대소득에 대한 30% 원천징수(30% Withholding Tax)

외국인 신분으로 미국에서 임대용 부동산을 보유했을 경우, 임대소득에 원천징수 30%가 적용된다. 이러한 원천징수는 경비를 제외한 순소득이 기준이 아닌, 임대소득의 총액 기준(Gross Basis)을 원칙으로 하고 있다. 만약 월 임대소득이 2,000달러라면, 600달러를 원천징수하는 것이다.

그러나, ITIN(Individual Taxpayer Identification Number) 같은 납세자 번호를 미국 국세청에서 받은 후 미국인들처럼 세금 보고를 하면 원천 징수 30%는 적용되지 않는다. 이런 납세자 번호는 외국인이 미국 부동산을 취득하는 과정에서는 필요하지는 않으나, 보유 및 매각 과정에서는 필수다. 미국에서 소득이 발생하는 경우 소득신고, 납세의 의무가 부과되기 때문이다. 부동산을 보유하는 동안 얻는 소득은 임대소득, 매각할 때는 양도소득에 해당한다. ITIN은 신청부터 수령까지 시간이 걸리기 때문에 미리 준비하는 것이 바람직하다.

외국인의 수입은 크게 ECI(Effectively connected income with a US trade or business)와 FDAP(Fixed or Determinable, Annual or Periodical)로 분류된다.

FDAP는 고정, 확정, 연간 또는 정기 소득이라는 의미로, 배당금, 이자, 연금, 부동산 임대수입 등의 고정 소득이 이에 속한다. FDAP는 소득의 30%를 원천징수 당하는 반면, 부동산 임대수입은 ECI 소득으로서 미국 무역 또는 사업과 실질적으로 연결된 소득으로 처리될 수 있다. 부동산 임대수입이 ECI 소득, 즉 실질연결소득에 속하면 임대수입에 대한 세금이 원천징수되지 않는다.

미국 국세청 세금조항에 '납세자가 그렇게 하기로 선택한 경우 부동산 임대소득은 ECI로 처리될 수 있다'라고 명시되어 있고, 또한 '미국에서의 무역 또는 사업 수행과 실질적으로 관련된 소득은, 원천징수 대상이 아니므로 해외계좌 납세 준수법(FATCA - Foreign Account Tax Compliance Act[21])에 따른 원천징수의 대상이 아니다'라고 되어있다.

따라서 미국 국세청 웹사이트에서 W-8ECI 양식을 작성, 제출하게 되면 실질연결소득(ECI)으로 간주되어 임대료의 30%를 원천징수 당하지 않아도 된다.

---

21   해외금융계좌신고법이라는 미국의 법률로 미국인 납세자의 역외탈세방지와 해외금융 정보의 수집을 위해 제정된 법.

▶ W-8ECI 양식

Form W-8ECI

(Rev. October 2021)

Department of the Treasury
Internal Revenue Service

Certificate of Foreign Person's Claim That Income Is Effectively Connected With the Conduct of a Trade or Business in the United States

▶ Section references are to the Internal Revenue Code.
▶ Go to *www.irs.gov/FormW8ECI* for instructions and the latest information.
▶ Give this form to the withholding agent or payer. Do not send to the IRS.

OMB No. 1545-1621

Note: Persons submitting this form must file an annual U.S. income tax return to report income claimed to be effectively connected with a U.S. trade or business. See instructions.

Do not use this form for:	Instead, use Form:
• A beneficial owner solely claiming foreign status or treaty benefits	W-8BEN or W-8BEN-E
• A foreign government, international organization, foreign central bank of issue, foreign tax-exempt organization, foreign private foundation, or government of a U.S. possession claiming the applicability of section(s) 115(2), 501(c), 892, 895, or 1443(b)	W-8EXP

Note: These entities should use Form W-8ECI if they received effectively connected income and are not eligible to claim an exemption for chapter 3 or 4 purposes on Form W-8EXP.

• A foreign partnership or a foreign trust (unless claiming an exemption from U.S. withholding on income effectively connected with the conduct of a trade or business in the United States)	W-8BEN-E or W-8IMY
• A person acting as an intermediary	W-8IMY

Note: See instructions for additional exceptions.

Part I Identification of Beneficial Owner (see instructions)

1 Name of individual or organization that is the beneficial owner

2 Country of incorporation or organization

3 Name of disregarded entity receiving the payments (if applicable)

4 Type of entity (check the appropriate box):
- ☐ Partnership
- ☐ Foreign Government - Controlled Entity
- ☐ Foreign Government - Integral Part
- ☐ Private foundation
- ☐ Simple trust
- ☐ Grantor trust
- ☐ International organization
- ☐ Individual
- ☐ Complex trust
- ☐ Central bank of issue
- ☐ Corporation
- ☐ Estate
- ☐ Tax-exempt organization

5 Permanent residence address (street, apt. or suite no., or rural route). **Do not use a P.O. box or in-care-of address.**

City or town, state or province. Include postal code where appropriate. | Country

6 Business address in the United States (street, apt. or suite no., or rural route). **Do not use a P.O. box or in-care-of address.**

City or town, state, and ZIP code

7 U.S. taxpayer identification number (required—see instructions) ☐ SSN or ITIN ☐ EIN

8a Foreign tax identifying number (FTIN)

8b Check if FTIN not legally required . . . . ☐

9 Reference number(s) (see instructions)

10 Date of birth (MM-DD-YYYY)

11 Specify each item of income that is, or is expected to be, received from the payer that is effectively connected with the conduct of a trade or business in the United States (attach statement if necessary).

12 Check here to certify that: you are a dealer in securities (as defined in section 475(c)(1)); you are a transferor of an interest in a publicly traded partnership (PTP) claiming an exception from withholding under Regulations section 1.1446(f)-4(b)(6), and any gain from the transfer of the PTP interest associated with this form is effectively connected with the conduct of a trade or business within the United States without regard to section 864(c)(8). . . ☐

Part II Certification

Under penalties of perjury, I declare that I have examined the information on this form and to the best of my knowledge and belief it is true, correct, and complete. I further certify under penalties of perjury that:
- I am the beneficial owner (or I am authorized to sign for the beneficial owner) of all the payments to which this form relates,
- The amounts for which this certification is provided are effectively connected with the conduct of a trade or business in the United States,
- The income for which this form was provided is includible in my gross income (or the beneficial owner's gross income) for the taxable year, **and**
- The beneficial owner is not a U.S. person.

Furthermore, I authorize this form to be provided to any withholding agent that has control, receipt, or custody of the payments of which I am the beneficial owner or any withholding agent that can disburse or make payments of the amounts of which I am the beneficial owner.

I agree that I will submit a new form within 30 days if any certification made on this form becomes incorrect.

☐ **I certify that I have the capacity to sign for the person identified on line 1 of this form.**

Sign Here

Signature of beneficial owner (or individual authorized to sign for the beneficial owner) | Print name | Date (MM-DD-YYYY)

For Paperwork Reduction Act Notice, see separate instructions. | Cat. No. 25045D | Form **W-8ECI** (Rev. 10-2021)

출처 : IRS

3. 부동산 보유 시 알아야 하는 미국 세금공제 혜택

거주용 주택을 보유하는 경우 소득세 신고를 할 때, 일 년 동안 상환한 모기지 론 이자, 20% 다운페이먼트를 하지 않고 모기지 론을 받았을 경우 발생하는 모기지 론 보험(PMI-Private Mortgage Insurance), 모기지 론을 받을 때 이자를 낮추기 위해 지불한 디스카운트 포인트(Discount Point)와 매년 납부하는 재산세를 공제받을 수 있다.

거주용 주택을 보유하는 동안 매년 모기지 론의 이자는 융자 은행에서 발행하는 1098 Form을 통해서, 재산세 또한 재산세 고지서를 받아서, 공제할 수 있다. 단 재산세는 2018년 세법 개정 이후 1년에 최대 1만 달러의 상한선이 생겼다.

임대용 부동산을 보유하는 경우, 발생하는 임대소득 부분에서는 모기지 론 이자와 재산세, 전기세, 가스비, 수리비, 공사비, 변호사비 등을 공제받고, 자산관리회사(Property Management Company)를 통해서 관리하는 경우는 자산관리 수수료, 주택소유자협회 수수료 그리고 건물 감가상각까지 세금공제가 가능하다.

건물 감가상각이란 매년 증가하는 건물의 노후도를 가치로 환산해서 이를 비용으로 처리하기 때문에 세금공제를 받는 것이다. 주거용 부동산의 경우 27.5년, 상업용 부동산일 경우 39년까지 감가상각이 가능해, 과세 소득을 낮추어 절세효과도 누릴 수 있다. 그리고 임대 영업손실 부분도 손실 처리를 할 수 있다.

잠시 여기서 수리비와 공사비의 차이를 알아보자. 수리비는 부동산 보유 시 매년 세금공제를 받을 수 있는 부분이고, 공사비는 개선 이후 임대용 부동산을 매각할 경우 받을 수 있는 세금공제 혜택이라고 볼 수 있다. 개선을 위한 공사비의 예로서, 지붕의 교체나 주방의 집기 등을 바꾸어서 부동산 가치상승에 기여했다면 지출한 공사비는 임대용 부동산을 매각할 때 세금공제를 받을 수 있다.

4. 해외 부동산 임대소득에 관한 세금 보고

앞에서 설명했듯이, 외국인도 ITIN를 받아 IRS 양식 W8-ECI를 작성해서 제출하면 임대소득의 30% 원천징수 의무가 없어지고 미국인처럼 임대소득에 관한 세금을 낼 수 있으며, IRS의 1040-NR 양식을 통해 개인 소득세(Income Tax)를 납부할 수도 있다.

미국 세법 기준으로 비거주자는 미국에서 발생한 소득을 미국 국세청에 보고해야 하며, 부동산 임대소득은 다음 해 개인 소득세와 함께 납부하면 된다. 그리고 해외 부동산 임대소득은 다음 연도

종합소득세 신고 시 다른 소득과 합산하여 국세청에 보고하면 재산세나 종합부동산세 과세 대상이 아니기에 세금공제를 누릴 수 있다.

외국환거래규정 제9-40조에 따라, 해외 부동산 취득 후 2년마다 거래하는 외국환은행에 해외부동산보유입증 서류와 함께 해외 부동산 수시 보고서(부동산 등기부등본 등)를 제출해야 한다.

▶ 1040-NR 양식

출처 : IRS

5. 임대소득에 의한 현금흐름 극대화 및 부동산 관리

한국에서 미국 임대용 부동산을 취득하는 것까지는 성공했지만, 보유 과정에서 부동산 관리를 어떻게 할지 막막할 수도 있을 것이다. 당연하다. 부동산 투자에서 가장 중요한 부분이 바로 보유 과정에서의 자산관리이기 때문이다.

부동산 투자에서는 자산가치 상승에 의한 자본이익(capital gains)도 중요하지만, 보유하는 동안 정기적으로 들어오는 월세 수입으로 현금흐름을 극대화하는 것 또한 중요하다. 따라서 부동산 관리를 철저하게 하여 부동산의 가치가 떨어지지 않도록 잘 관리하는 것이 자산관리의 필수다.

거주지가 한국이라 어떻게 관리를 할 것인지 막막하게만 생각할 필요는 없다. 미국 현지의 전문자산관리회사나 경험이 많은 전문 부동산 회사에서 운영하는 자산관리팀의 전문적인 서비스를 통해서 부동산 관리를 하는 것이 좋다.

여기에서 중요한 점은 부동산 매매가 주요 업무인 공인중개사에게 매매와 관리를 모두 의존하지 않는 것이다. 부동산 서비스의 성격상 매매와 관리는 큰 차이를 보이며, 부동산이란 업종은 각각의 분야에서 시간을 많이 요구하는 경우가 대부분이라 공인중개사 한 사람이 그 모든 방대한 일을 전문적이고 체계적으로 하기는 쉽지 않다.

부동산 자산관리의 핵심은 공실률을 최저로 유지하며 현 임대 시장의 흐름을 제대로 반영한 상태에서 적극적인 마케팅과 철저한 시스템을 통해 양질의 세입자를 구하는 것이다. 부동산 관리 역시 신속하게 대응할 수 있어야 한다.

따라서, 이를 충족할 수 있는 앞에서 말한 자산관리회사와 자산 관리팀을 선임해서 자산관리를 의뢰하는 것이 바람직하다. 이런 회 사들의 자산관리 비용은 월 임대료 기준으로 7~10% 정도지만, 규 모가 큰 회사의 경우는 더 저렴한 비용으로도 최대한의 서비스를 받을 수 있다. 또 이런 회사들의 경우 자체적인 법률 전문가가 있어 더욱 공신력이 있다.

내 세금은 여기서 결정된다!
부동산 매매 과정

한국인이 미국 부동산을 매각하는 과정에서 알아야 하는 핵심적인 내용을 정리해보자. 미국 부동산의 매각 과정에서 알아야 하는 주요 부분은 크게 미국의 세금 관련 제도와 미국 부동산의 세금 혜택이라고 볼 수 있다. 그럼 차례대로 미국의 양도소득세부터 외국인 양도소득에 대한 15% 원천징수, 해외 부동산 양도소득에 관한 세금 보고를 알아보자.

1. 양도소득세(Capital Gains Tax)

거주용 주택을 매각할 때의 양도소득세는 최근 5년 기준으로 2년 이상 거주했을 경우 단독 소유자는 25만 달러, 부부 공동소유자는 50만 달러까지 양도소득세가 면제된다. 임대용 부동산을 매각할 경우 양도소득세는 단기 양도소득세와 장기 양도소득세가 있다. 단기 양도소득세는 부동산을 구매한 시점에서 1년 안에 매각할 경우 본인 소득 기준으로 최대 37%까지 적용되며, 장기 양도소득세는 구매 시점에서 1년이 지난 후 매각할 경우 본인 소득 기준으로 0%부터 15%, 최대 20%까지 적용된다.

대부분의 투자자들은 투자용 임대 부동산을 보유한 동안 건물의 감가상각만큼 임대소득 공제를 했을 것이다. 이 경우 해당 부동산을 매각할 때는 소득 공제된 부분을 다시 가치로 환산하여 세금을 내야 한다. 이러한 감가상각 회수(Recapture)로 인해 부동산을 매각할 때 부담이 될 수 있다. 하지만 대부분의 현명한 투자자들은 동종자산교환이라는 제도를 활용해 양도소득세를 평생 연기하면서 부를 축적하고 있다. 동종자산교환 제도는 5장에서 자세히 다룰 예정이다.

2. 외국인 양도소득에 대한 15% 원천징수(15% Withholding Tax)

외국인이 미국 납세자 번호를 받아 미국인들처럼 미국에서 세금을 내고 부동산 매각 시 원천징수증명서를 발급받으면, 내국인이 부동산을 매각할 때 적용되는 양도소득세율과 동일한 적용을 받는다.

그러나 외국인이 미국 납세자 번호를 받아서 미국에서 세금보고를 하지 않고 원천징수증명서를 발급받지 못한 경우에는, 외국인이 미국 부동산을 보유하고 매각할 때 외국인 부동산투자세법(FIRPTA -The Foreign Investment in Real Property Tax Act")을 적용한다. 이런 경우엔 거래가 완전히 끝나고 20일 안에 부동산을 처분한 판매가의 최대 15%를 미국 국세청에 보내야 한다. 판매가의 최대 15%를 원천징수하는 것이다. 예컨대 판매가가 50만 달러면 15%인 7만5,000달러를 미리 국세청에 보내야 한다.

외국인 부동산투자세법의 또 다른 항목은 외국인이 미국 부동산을 매각할 경우, 매수자의 부동산 구매 사유가 거주이며 집값이 30만 달러 이하면 원천징수에 해당하지 않는다고 규정한다. 단 매수자가 이런 사실을 확인하는 진술서(Affidavit)에 서명해야 한다.

판매가 30만 달러 이상 100만 달러 이하인 경우는 매매가의 10%, 100만 달러를 초과하면 매매가의 15%를 원천징수한다. 그런데 외국인 부동산투자세법에 의한 원천징수의 예납 책임은 외국인 매도자의 부동산을 매입하는 매수자에게 있기에 차후에 문제가 발생

---

22   외국인이 미국 부동산 지분을 처분하는 경우 소득세 원천 징수 대상이 된다는 외국인 부동산 투자 세법.

하면 매수자의 책임이 된다.

이러한 외국인 매도자의 최대 15% 원천징수를 피해 가는 방법으로는 원천징수액이 양도소득세 최고액보다 훨씬 큰 경우 원천징수증명서(Withholding Certificate)를 신청하면 된다. IRS 8288-B 양식을 사용하여 원천징수증명서를 신청할 수 있다. 이 경우를 대비해, 외국인 매도자는 미리 ITIN라는 납세자 번호를 받아두는 것이 현명하다.

외국인 매도자가 미국 부동산을 매각하는 과정에서 원천징수를 당하지 않는 예외적인 경우를 다음과 같이 정리할 수 있다.

① 매각하는 부동산의 매매가가 30만 달러 미만이고 매수자가 거주용으로 집을 매입하는 경우
② 매도자가 미국 현지 법인일 경우
③ 원천징수증명서를 발급받는 경우

앞에서 설명했지만, 한국에서 미국에 부동산 투자를 하는 경우 투자자들은 LLC 형태의 미국 현지 법인을 설립해서 투자하는 경우가 많다. 이는 미국의 현지 법인이라 미국 세금 보고나 세금 혜택 부분에서 쉽게 미국 내국인들과 똑같은 혜택을 누릴 수 있고 부동

Form **8288-B**	**Application for Withholding Certificate for Dispositions by Foreign Persons of U.S. Real Property Interests**	
(Rev. February 2016) Department of the Treasury Internal Revenue Service	▶ Please type or print.	OMB No. 1545-1060

1 Name of transferor (attach additional sheets if more than one transferor) | Identification number

Street address, apt. or suite no., or rural route. Do not use a P.O. box.

City, state or province, and country (if not U.S.). Include ZIP code or postal code where appropriate.

2 Name of transferee (attach additional sheets if more than one transferee) | Identification number

Street address, apt. or suite no., or rural route. Do not use a P.O. box.

City, state or province, and country (if not U.S.). Include ZIP code or postal code where appropriate.

3 Applicant is: Transferor ☐ Transferee ☐

4a Name of withholding agent (see instructions) | **b** Identification number

c Name of estate, trust, or entity (if applicable) | **d** Identification number

5 Address where you want withholding certificate sent (street address, apt. or suite no., P.O. box, or rural route number) | Phone number (optional)

City, state or province, and country (if not U.S.). Include ZIP code or postal code where appropriate.

6 Description of U.S. real property transaction:
a Date of transfer (month, day, year) (see inst.) **b** Contract price $
c Type of interest transferred: ☐ Real property ☐ Associated personal property
☐ Domestic U.S. real property holding corporation
d Use of property at time of sale: ☐ Rental or commercial ☐ Personal ☐ Other (attach explanation)
e Adjusted basis $
f Location and general description of property (for a real property interest), description (for associated personal property), or the class or type and amount of the interest (for an interest in a U.S. real property holding corporation). See instructions.

g For the 3 preceding tax years:
(1) Were U.S. income tax returns filed relating to the U.S. real property interest? . . . . ☐ Yes ☐ No
If "Yes," when and where were those returns filed? ▶
(2) Were U.S. income taxes paid relating to the U.S. real property interest? . . . . ☐ Yes ☐ No
If "Yes," enter the amount of tax paid for each year ▶

7 Check the box to indicate the reason a withholding certificate should be issued. See the instructions for information that must be attached to Form 8288-B.
a ☐ The transferor is exempt from U.S. tax or nonrecognition treatment applies.
b ☐ The transferor's maximum tax liability is less than the tax required to be withheld.
c ☐ The special installment sales rules described in section 7 of Rev. Proc. 2000-35 allow reduced withholding.
8 Does the transferor have any unsatisfied withholding liability under section 1445? . . . . ☐ Yes ☐ No
See the instructions for information required to be attached.
9 Is this application for a withholding certificate made under section 1445(e)? . . . . ☐ Yes ☐ No
If "Yes," check the applicable box in **a** and the applicable box in **b** below.
a Type of transaction: ☐ 1445(e)(1) ☐ 1445(e)(2) ☐ 1445(e)(3) ☐ 1445(e)(5) ☐ 1445(e)(6)
b Applicant is: ☐ Taxpayer ☐ Other person required to withhold. Specify your title (e.g., trustee) ▶

Under penalties of perjury, I declare that I have examined this application and accompanying attachments, and, to the best of my knowledge and belief, they are true, correct, and complete.

Signature	Title (if applicable)	Date

For Privacy Act and Paperwork Reduction Act Notice, see the instructions. Cat. No. 10128Z Form **8288-B** (Rev. 2-2016)

출처 : IRS

산 자산에 대한 제한적 채무와 자산 보호를 극대화할 수 있기 때문이다.

3. 해외 부동산 양도소득에 관한 한국 내 세금 보고

해외 부동산 양도소득은 양도한 달의 말일 기준으로 2개월 이내에 한국 국세청에 보고해야 한다. 또 해외 부동산을 처분한 후 투자 원금과 이익금은 국내로 회수해야 하며, 이를 회수하는 대신 그 자금을 다른 용도로 전환하고자 하는 경우는 미리 자본 거래에 대해 보고를 해야 한다. 또한, 해외에서 보유하고 있는 주택은 다주택자 양도세 적용 주택 수에 포함되지 않는다.

그리고 외국환거래규정 기준으로, 해외 부동산 처분 후 3개월 이내에 거래하는 외국환은행에 해외 부동산 처분 보고서를 제출해야 한다.

<지침서식 제9-29호>

해외 부동산 처분(변경) 보고서
(신고인 :   전화 :   )

1. 처분(변경)전 부동산 명의인 :
   가. 성명 또는 법인명 :
   나. 주민등록번호(사업자등록번호) :
   다. 주소 또는 소재지 :

2. 부동산 취득 공동명의인
   가. 성명 또는 법인명 :
   나. 주민등록번호(사업자등록번호) :
   다. 주소 또는 소재지 :

3. 처분(변경) 해외부동산의 내용

   가. 부동산의 명세(종류, 수량, 가격 등) :

   나. 부동산의 소재지 :

4. 해외부동산 처분내용

   가. 부동산 처분 등기일 :
   나. 처분가격 :
   다. 기타 지급비용 :
   라. 국내 회수금액 :
   마. 국내 회수금액 수취인 성명(주민등록번호) :   (   )
   바. 신고인과 국내 회수금액 수취인과의 관계 :

5. 해외부동산 변경내용 :

6. 첨부서류
   가. 부동산 매매 계약서(부동산 소유권 처분에 한함)
   나. 기타 지급비용 명세서

※ 1) 본 보고서는 당해 부동산의 처분(변경)후 3개월 이내(3개월 이내에 처분대금 수령시 수령 시점)에 제출할 것
   2) 본 보고서 제출시 부동산 매각대금(국내 회수금액)에 대한 외국환은행의 외환매입 증명서(송금처 명기)를 첨부할 것

출처 : 전국은행연합회

5장

세금 혜택,
한국 투자자도 누린다!

　미국 부동산을 매입하거나 투자를 할 때 알아야 하는 관련 세금의 종류, 내용과 혜택에 관해서는 4장에서 다뤘으며, 7장에서 다시한번 다룰 예정이다. 이번 장에서는 미국 부동산을 매입 또는 투자할 경우 알아야 하는 관련 세금에 대해서 좀 더 세밀히 알아보자.

세금 혜택 1단계,
재산세

재산세는 개인 또는 법인이 소유한 부동산에 대한 세금으로 부동산이 위치한 카운티나 지방 정부에 납부하며, 이는 부동산 소유자가 매년 내어야 하는 지방세다. 세금의 액수는 일반적으로 토지를 포함한 부동산의 가치를 기준으로 정해지며, 카운티나 지방 정부는 재산세로 상하수도 개선 자금을 조달하고 소방, 교육, 도로 건설, 도서관 및 지역 사회에 도움이 되는 기타 서비스를 제공한다. 이 재산세율은 각 카운티나 지방 정부에 따라 다르다.

재산세를 계산하는 기준이 되는 부동산 평가가치는 토지 자체와 그 위에 있는 건축물을 포함하여 산정한다. 빈 토지는 평가가치가 낮아 재산세가 낮다. 실제 시장가치와 일치할 수도 있지만 그렇지 않은 경우도 빈번하다.

　재산세는 1,000분의 1달러에 해당하는 밀(mill)이라는 단위를 기준으로 산정하며, 재산세는 부동산 가치에서 과세 대상 부분에다 주 세율을 곱하여 연간 재산세 납부금을 결정한다. 부동산 소유주는 각 주의 법에 따라 재산세를 납부해야 하며 주별로 재산세의 세율이 다르다. 일부 지역은 0.5% 미만, 다른 일부 지역은 2% 이상이다. 미 국 전체 평균 실효 재산세율은 평균 주택 가치의 1.1%로 조지아주의 평균 실효 재산세율 0.87%는 상대적으로 낮은 편에 속한다.

　아래의 도표는 미국 50개 주별 부동산 실효 재산세율을 일목요 연하게 보여준다.

▶ 미국의 주별 실효 재산세율(2022년 4월 기준)

순위	주	실효 재산세율	순위	주	실효 재산세율
1	뉴저지 (New Jersey)	2.13%	26	플로리다 (Florida)	0.86%
2	일리노이 (Illinois)	1.97%	27	워싱턴 (Washington)	0.84%
3	뉴햄프셔 (New Hampshire)	1.89%	28	버지니아 (Virginia)	0.84%
4	버몬트 (Vermont)	1.76%	29	오클라호마 (Oklahoma)	0.83%
5	코네티컷 (Connecticut)	1.73%	30	인디애나 (Indiana)	0.81%
6	텍사스 (Texas)	1.60%	31	노스캐롤라이나 (North Carolina)	0.78%
7	네브래스카 (Nebraska)	1.54%	32	켄터키 (Kentucky)	0.78%
8	위스콘신 (Wisconsin)	1.53%	33	몬태나 (Montana)	0.74%
9	오하이오 (Ohio)	1.52%	34	캘리포니아 (California)	0.70%
10	펜실베이니아 (Pennsylvania)	1.43%	35	아이다호 (Idaho)	0.65%
11	아이오와 (Iowa)	1.43%	36	테네시 (Tennessee)	0.63%
12	로드아일랜드 (Rhode Island)	1.37%	37	미시시피 (Mississippi)	0.63%
13	미시간 (Michigan)	1.31%	38	아칸소 (Arkansas)	0.61%
14	뉴욕 (New York)	1.30%	39	애리조나 (Arizona)	0.60%
15	캔자스 (Kansas)	1.28%	40	뉴멕시코 (New Mexico)	0.59%
16	메인 (Maine)	1.20%	41	델라웨어 (Delaware)	0.59%
17	사우스다코타 (South Dakota)	1.14%	42	네바다 (Nevada)	0.56%
18	매사추세츠 (Massachusetts)	1.08%	43	유타 (Utah)	0.56%
19	미네소타 (Minnesota)	1.05%	44	사우스캐롤라이나 (South Carolina)	0.53%
20	메릴랜드 (Maryland)	1.01%	45	웨스트버지니아 (West Virginia)	0.53%
21	알래스카 (Alaska)	0.98%	46	콜로라도 (Colorado)	0.52%
22	미주리 (Missouri)	0.96%	47	와이오밍 (Wyoming)	0.51%
23	오리건 (Oregon)	0.91%	48	루이지애나 (Louisiana)	0.51%
24	노스다코타 (North Dakota)	0.88%	49	엘라배마 (Alabama)	0.37%
25	조지아 (Georgia)	0.87%	50	하와이 (Hawaii)	0.31%

미국 부동산이 답이다

02
세금 혜택 2단계,
거주용 주택 재산세 감면

거주용 주택 재산세 감면은 거주용으로 주택을 매입한 주택 소유자를 대상으로 카운티 재산세를 일부 감면해주는 제도다. 거주용 주택 재산세 감면은 거주 중인 주택 한 채에 한해서 혜택을 받는 것으로, 한번 신청하면 해당 주택을 매매하기 전까지 자동으로 매년 연장되어 계속 혜택을 받을 수 있다. 거주용 주택 재산세 감면에 대한 신청 접수 기간이나 혜택은 각 지방의 카운티별로 다르게 적용된다.

예를 들어, 조지아주 귀넷 카운티의 경우, 거주용 주택 재산세 감면을 신청하려면, 본인이 감면을 신청하는 연도의 1월 1일에 집을 소유하고 있고 주된 거주지로 거주해야 한다. 만약 2021년 9월

15일에 거주용 주택을 구매했을 경우, 다음 해 2022년 1월 1일까지의 거주 증명을 하고, 4월 1일까지는 거주용 주택 재산세 감면 신청서(Homestead Exemption Application)를 그 거주용 주택이 속해 있는 지역의 세금행정사무소(Tax Commissioner's Office)에 제출해야 한다. 그러면 2022년의 재산세를 감면받을 수 있다. 그리고 지원자의 나이와 소득에 따른 제한은 없다.

그럼, 거주용 주택 재산세 감면을 통해 얼마를 감면받을 수 있는지 예를 들어 설명해보자. 시장가치가 30만 달러인 주택의 평가율(Assessment Rate)이 40%일 경우, 평가가치는 12만 달러가 된다. 여기서 조지아주 평균 재산세인 30 mills(1밀은 1,000분의 1달러에 해당)를 적용하면 30만 달러 가치 주택의 기본 재산세는 일 년에 3,600달러가 된다.

평가가치 12만 달러에서 거주용 주택 재산세 감면을 받아서 2만 1,000달러를 제하면 9만 9,000달러가 되며, 여기에 조지아주의 평균 재산세 30 mills를 적용하면 최종적으로 재산세는 2,970달러가 된다. 거주용 주택 재산세 감면을 통해 일 년에 630달러 정도의 재산세를 감면받는다고 보면 된다.

거주용 주택 재산세에는 이외에도 다양한 감면 혜택이 있다. 이런 감면 혜택은 각 주의 카운티별로 다르게 적용된다. 앞으로 언급

미국 부동산이 답이다

하게 될 모든 감면 혜택은 조지아주, 귀넷 카운티를 기준으로 설명한다.

● **카운티 세금**(County Tax): 카운티에서 도로 또는 홍수 통제를 위해 특별세(Special Assessment)를 징수하는 경우 거주용 주택 소유자들은 이러한 세금을 감면받을 수 있다.

● **노인을 위한 학교 세금 면제**(Senior School Exemption): 지원연도의 1월 1일 기준으로 65세 이상임을 증명해야 하며, 연 순소득이 9만 7,264달러 이하여야 한다. 이 경우는 모든 학교 세금(School Tax)이 감면되며, 카운티 평가가치(County Assessed Value)에서 1만 달러, 레크리에이션(Recreation)에서 7,000달러가 감면되어 아주 많은 금액의 세금 감면을 받을 수 있다. 학교 세금이 62%, 카운티 세금이 38%임을 감안한다면, 총 62% 이상의 세금 감면 혜택을 받을 수 있다. 또 65세가 넘지 않아도 장애판정제도에 의해 100% 장애인일 경우도 같은 혜택을 받을 수 있다.

● **일반 학교 세금 면세**(Regular School Exemption): 지원연도의 1월 1일 기준으로 62세임을 증명해야 하며, 지원자와 그 배우자의 연 소득의 합이 1만 달러 이하여야 한다, 또 카운티 평가가치에서 1만 달러, 학교 세금에서 1만 달러, 학교채권(School Bond)에서 1만 달러, 그리

고 레크리에이션에서 7,000달러로 총 3만7,000달러를 평가가치에서 감면받을 수 있다.

● **이중 면제**: 거주용 주택에 거주하고 신청하는 모든 주택 소유자는 표준 면제를 받게 된다. 신청자 중 65세 이상의 주택 소유자는 이중 주택 면제를 받을 수 있다.

● **재산세 유예**: 면제 자격이 있는 고령 주택 소유자는 재산세 납부를 연기할 수 있다. 재산세 연기에 대한 규칙은 복잡하지만, 일반적으로 연기를 받으면 세금 납부를 연기할 수 있다.

● **장애 제대군인과 미국 군인의 생존 배우자에 대한 면제**: 연령이나 소득에 제한이 없으며, 미국 보훈처로부터 신청자가 100% 장애인이라는 것을 입증하는 편지를 받아 제출하면 재산세 면제 혜택을 받을 수 있다. 평가가치에서 미국 재향군인 담당관이 연간 재산세를 조절할 수 있다. 이 혜택은 재혼하지 않은 생존 배우자 또는 18세 미만의 자녀에게도 적용된다.

● **경찰관 또는 소방관의 생존 배우자**: 근무 중 사망한 경찰관이나 소방관의 재혼하지 않은 생존 배우자는 주택 가치 전액이 면제된다.

미국 부동산이 답이다

03
세금 혜택 3단계,
양도소득세 감면

앞서 설명한 양도소득세의 내용을 조금 더 깊이 들여다보자. 세금 납부 금액은 부분적으로 투자를 통해 단기 또는 장기 자본이득을 얻었는지에 따라 달라지며 각각 다른 방식으로 과세된다.

단기 자본이득은 표준 연방 소득세율에 따라 급여에 대해 납부하는 소득세와 같은 소득으로 세금이 부과된다. 따라서 단기 양도소득은 일반 소득세율의 과세 구간에 적용되며, 이는 2022년 세율 구간 기준 10%, 12%, 22%, 24%, 32%, 35%, 37%에 해당한다.

▶ 2022년 미국 연방 소득세율

세율	독신 (Single)	세대주 보고 (Head of Household)	부부 합산 보고 (Married Filing Jointly)	부부 개별 보고 (Married Filing Separately)
10%	$0~$10,275	$0~$14,650	$0~$20,550	$0~$10,275
12%	$10,276~$41,775	$14,651~$55,900	$20,551~$83,550	$10,276~$41,775
22%	$41,776~$89,075	$55,901~$89,050	$83,551~$178,150	$41,776~$89,075
24%	$89,076~$170,050	$89,051~$170,050	$178,151~$340,100	$89,076~$170,050
32%	$170,051~$215,950	$170,051~$215,950	$340,131~$431,900	$170,051~$215,950
35%	$215,951~$539,900	$215,951~$539,900	$431,901~$647,850	$215,951~$323,925
37%	$539,901~그 이상	$539,901~그 이상	$647,851~그 이상	$323,926~그 이상

출처 : 미국 국세청(Internal Revenue Service)

장기 양도소득세율은 소득에 따라 0%, 15%, 20%로서, 대체로 일반 소득세율보다 훨씬 낮다.

▶ 2022년 미국 과세연도 장기 양도소득세율

세금 보고 방식	독신 (Single)	세대주 보고 (Head of Household)	부부 합산 보고 (Married Filing Jointly)	부부 개별 보고 (Married Filing Separately)
0%	~$41,675	~$55,800	~$83,350	~$41,675
15%	$41,676~$459,750	$55,801~$488,500	$83,351~$517,200	$41,676~$258,600
20%	$459,750 초과시	$488,500 초과시	$517,200 초과시	$258,600 초과시

출처 : 미국 국세청(Internal Revenue Service)

위의 도표를 보면 2022년의 개인 세금 신고자는 총 과세 소득이

4만1,675달러 이하면 양도소득세를 내지 않는다. 소득이 4만1,676달러에서 45만9,750달러인 경우 15%의 양도소득세를 적용받으며, 그 이상은 20%가 적용된다.

부동산 이익에 대한 양도소득세율의 한 가지 주요 예외는 바로 부동산 소유자의 거주용 주택이다. 집을 소유한 뒤 판매 시점 이전 5년 중 최소 2년 동안 주 거주지로 사용한 경우, 일반적으로 개인 세금 신고자의 경우 최대 25만 달러, 기혼이고 공동으로 신고하는 경우 최대 50만 달러에 대해서 양도소득세가 면제된다.

마지막으로 장-단기 양도소득의 세율 차이를 이용해서 양도소득세의 부담을 줄일 수 있지만, 투자용 임대 부동산을 보유한 동안 투자자들이 건물 감가상각을 이용해 임대소득 공제를 했다면 매각 시에 소득 공제된 부분을 다시 가치로 환산하여 세금을 내야 한다고 앞에서 설명했다. 또 이런 감가상각 회수를 피하려고 동종자산교환제도를 활용해 양도소득세를 평생 연기할 수 있다고 말했었다. 이제 동종자산교환이 어떤 제도인지, 어떻게 이용할 수 있는지 알아보자.

04
세금 혜택 4단계,
동종자산교환

동종자산교환은 미국의 부동산 투자자를 위한 세금 혜택으로 이를 통해 양도소득세를 평생 연기할 수 있다. 미국의 투자자들은 100여 년 넘게 이를 사용하면서 현명하게 부를 축적하고 있다. 그렇다면 동종자산교환은 정확히 무엇일까?

동종자산교환은 투자용 부동산을 매각하여 또 다른 동종의 자산으로 교환하는 것을 말한다. 그 핵심은 같은 종류의 투자 부동산을 판매하고 그 수익을 같은 가치이거나 더 높은 가치의 다른 부동산에 재투자하면 판매차익에 대한 양도소득세를 내지 않아도 된다는 것이다. 이는 판매차익이 매도자에게 직접 지급되지 않기 때문에 미국 국세청에서 과세할 금액이 없기 때문이다.

투자자가 동종자산교환을 이용하려면 다음 기준을 충족해야 한다.

첫째, 동종자산교환 자격을 얻으려면 판매하는 부동산과 구매하는 부동산 모두 투자 또는 소득을 창출하는 것을 목적으로 해야 한다.

둘째, 판매 종료 후 45일 이내에 대체되는 부동산 매물 목록을 서면으로 동종자산교환 회사에 등록해야 한다.

셋째, 보유했던 투자용 부동산을 매각한 날짜로부터 180일 이내에 새로운 대체 매물의 클로징을 완료해야 한다.

넷째, 부동산 자산을 판매한 납세자는 새 부동산 자산을 매입하는 납세자와 동일인이어야 한다.

다섯째, 모든 양도소득세를 연기하려면 판매로 인한 모든 현금 수익을 재투자하여 판매한 것보다 가치가 같거나 더 높은 대체 부동산을 매입해야 한다.

그렇다면, 동종자산교환의 이점은 무엇일까?

첫째, 양도소득세를 평생 연기할 수 있다. 미국 부동산 투자자들이 동종자산교환을 하는 주된 이유는 부동산 판매에 대한 양도소득세를 내지 않고 그 현금을 새로운 동종의 다른 부동산을 구매할 때 자본으로 사용하기 위함이다. 세금은 면제되는 것이 아니라 대체한 부동산이 매각될 때까지 '지연'되는 것이다.

둘째, 현금흐름을 늘릴 수 있다. 예를 들어, 임대소득이 없는 땅이나 부동산을 보유하는 대신 수동소득을 창출하는 부동산으로 교환할 수 있다. 이것은 현금흐름을 증가시키고 부를 축적하며 특히 은퇴에 접어들 때 더 나은 삶을 영위할 수 있도록 한다.

셋째, 분산 투자로 투자의 리스크 헤지를 노릴 수 있다. 가치가 높은 부동산을 한 개 보유하고 있다면 동종자산교환을 통해 두 개 이상의 부동산으로 나누어 투자의 위험을 분산시키고 자산가치를 극대화할 수 있다. 이렇게 동종자산교환은 리스크 헤지 수단으로 쓰인다.

넷째, 동종자산교환을 통해 감가상각 회수를 피할 수 있다. 매년 임대소득세 절감을 위해 사용한 건물의 감가상각은 그 투자용 부동산을 매각할 경우 다시 회수된다. 이때의 납세해야 하는 비용은 표준 소득세율이 적용된다. 이를 피하기 위해서는 동종자산교환을 하는 것이 유리하다.

동종자산교환은 끊임없이 반복해도 상한선이 없으며, 납세 의무는 사망으로 종결되기 때문에 동종자산교환을 통해 얻은 재산을 팔지 않고 사망하면 상속인은 연기한 세금을 내지 않고 상승한 시장가치로 부동산을 상속받게 된다.

중요한 사실은 외국인 신분으로 미국 투자용 부동산을 보유하고 매각할 때도 동종자산교환의 혜택을 누릴 수 있다는 것이다. 동종자산교환은 미국 자산에 적용되지만, 미국인만을 위한 것은 아니다. 동종자산교환은 외국인부동산투자세법의 예외조항이기 때문이다. 외국인이 부동산을 판매하기 전 미국 국세청의 8288-B 양식을 작성해 제출하면 원천징수증명서를 받을 수 있으며, 그 후에 동종자산교환을 진행하면 된다. 미국 부동산 투자의 강력한 세금 혜택 중의 하나인 동종자산교환을 통해 양도소득세를 현명하게 연기할 수 있다.

6장

'미국 부동산 매트릭스'
- 미국 부동산 투자의
4가지 핵심

미국 부동산으로 지속적인 부를 만들어낼 수 있는 기본은 미국 부동산의 네 가지 핵심원리를 아는 것이며, 나는 이것을 '미국 부동산 매트릭스'라고 부른다.

이번 장에서 다루는 네 가지 미국 부동산 투자 핵심원리는 미국 부동산 투자의 완벽한 농축액이라고 해도 과언이 아니다. 이 책에서 다루고 있는 모든 내용을 압축하면 '미국 부동산 매트릭스'가 될 것이고, 반대로 농축액에 물을 타면 희석되면서 용액의 부피가 늘어나듯 그 핵심들을 상세히 풀어나가면 미국 부동산 투자에 관한 책 한 권을 완성할 수도 있다.

책 앞부분에서 이미 미국 부동산의 특징을 언급한 바 있다. 미국 부동산 제도를 보면 미국의 금융 및 세금 제도와 밀접하게 연관되어 있어 거래와 투자를 활성화한다는 특징이 있다. 이런 부분들을 통해서 미국 부동산 투자의 수익을 극대화할 수 있다는 점을 알아야 할 것이다.

그럼 본격적으로 '미국 부동산 매트릭스'를 알아보자. 먼저 아래의 도표를 보면 핵심원리를 한눈에 볼 수 있다.

▶ 미국 부동산 매트릭스(ABCD 매트릭스)

위의 표를 보면 미국 부동산 투자의 핵심원리는 자산가치 상승, 세금 혜택, 현금흐름, 부채의 활용에 있다. A, Appreciation(자산가치 상승) B. Benefit(세금 혜택) C. Cash Flow(현금흐름) D. Debt(부채), 이렇게 머리글자만 따서 ABCD로 쉽게 기억할 수 있다. 그래서 나는 미국 부동산 매트릭스를 'ABCD 매트릭스'라고도 한다.

위의 표에서 왼쪽의 자산가치 상승과 현금흐름은 부동산 투자를 통한 이익이며, 오른쪽의 세금과 부채는 부동산 투자에서 발생하는 채무라고 볼 수 있다. 하지만 채무를 잘 활용하면 왼쪽의 자산가치 상승과 현금흐름을 더욱더 극대화하여 이익을 늘릴 수 있다는 데 묘미가 있다.

다음은 각 원리의 설명과 함께 예시를 통해서 좀 더 자세히 알아보자.

01
개선으로 만드는
자산가치 상승

　자산가치 상승은 시간의 흐름에 따라 자산의 가치가 늘어나는 것을 말한다. 사람들 대부분이 기본적으로 생각하는 '싸게 사서 비싸게 파는' 원리로 부동산 가치가 상승함으로써 얻는 자본이익을 말한다. 이 방식으로 이득을 얻기 위해서는 매수와 매도 시기를 잘 읽어야 하는데, 이를 위해서는 부동산 시장 사이클과 금융 사이클을 통해 타이밍을 예측하는 지식과 지혜가 필요하다. 이 부분은 9장에서 상세하게 다루도록 하겠다.

　자산가치 상승은 두 가지로 나누어 요약할 수 있다. 부동산 시장 원리로 인한 자연적 자산가치 상승과 인위적인 개선을 통한 인위적 자산가치 상승이다.

1. 자연적 자산가치 상승(Market Appreciation)

자연적 자산가치 상승은 부동산 시장의 원리에 따라 가치가 점진적으로 증가하는 것을 말한다. 인구 증가나 가구 수 증가, 고용 증가, 금리, 통화량, 국민 소득 증가 등과 같은 사회적, 경제적인 변화로 부동산 시장에서 수요가 공급보다 많을 때 주로 발생한다. 부동산 소유자나 투자자가 통제할 수 없는 요소들에 의한 자연적 가치상승이다.

2. 인위적 자산가치 상승(Forced Appreciation)

인위적 자산가치 상승은 부동산의 개선을 통해 자산가치를 증가시키는 것으로, 주로 개선을 통해 임대소득을 올리고 지출을 줄이며 공실률을 최대한 낮추는 전략적인 가치상승이라고 볼 수 있다. 인위적 가치상승은 자연적 가치상승에 비해 훨씬 더 짧은 기간이 소요되며 부동산 소유자나 투자자가 가치상승을 직접 통제할 수 있다.

이러한 인위적인 자산가치의 상승은 주로 플리핑(Flipping) 같은 경우나 임대 부동산의 순운영소득(NOI, Net Operating Income)을 증가시킴으로써 구현할 수 있다. 순운영소득은 개선을 통해 임대료를 인상한다든지 추가 시설을 통해 기타 소득을 높이거나, 유지 보수 비용 절감이나 운영비 절감 등으로 비용을 줄이는 것을 통해 증가시킬 수 있다.

인위적인 자산가치 상승은 자본이익을 극대화하는 것에 중점을 두는 투자 원리이기 때문에 이러한 자본이익 투자 수익을 계산할 때 주로 자본환원율을 통해 자본이익을 예측할 수 있다. 자본환원율 계산법은 7장에서 상세하게 설명하도록 하겠다.

그럼, 인위적 자산가치 상승의 한 가지 예를 들어보자.

A씨는 2020년에 10개의 유닛이 있는 다가구 주택을 시세보다 저렴한 80만 달러에 매입했다. 임대료는 유닛당 월 800달러로 실내가 낡고 유지·관리가 제때 이루어지지 않았지만, 공실이 없고 임대료가 시장 가격보다 저렴해서 개선을 통한 가치상승을 기대할 수 있었다. A씨는 이 건물을 매입하고 즉시 한 유닛당 1만 달러를 들여서 부엌 캐비닛과 카펫을 교체하고 내벽 페인트를 새로 도색해 건물을 개선했다. 그런 다음 임대료를 각 유닛당 1,100달러로 인상했다.

그럼 여기서 A씨의 개선을 통한 인위적인 자산가치 상승을 계산해보자. 빠른 계산과 이해를 위해 임대소득 외에 다른 소득은 없고 총 운영비용은 총소득의 50%라고 가정한다.

A씨가 처음 다가구 주택 건물을 매입했을 때, 부동산의 연간 총소득은 96,000달러(800달러 × 10유닛 × 12개월)고 연간 총운영비용은 48,000달러(96,000달러 × 50%)로 순운영소득은 48,000달러가 된다. 이 주택의 매입 가격은 80만 달러였으니 자본환원율은 6%다.

자본환원율 = 순운영소득 / 가격

그리고 총 10개의 유닛을 개선하는 데 들어간 비용은 10만 달러(1만 달러 × 10유닛)다.

개선 후, A씨는 월 임대료를 유닛당 1,100달러로 인상했고, 연간 총소득은 132,000달러 (1,100달러 × 10유닛 × 12개월), 연간 총운영비용은 66,000달러(132,000달러 × 50%)로 순운영소득은 66,000달러로 올랐다. 여기서 주택을 처음 매입했을 때의 자본환원율인 6%를 적용하면 개선 후 자산의 가치는 110만 달러가 된다. 여기서 유닛을 개선하는 데 들어간 비용인 10만 달러를 제하면 A씨는 개선을 통한 인위적인 자산가치로 20만 달러를 얻은 것이다.

다음은 자연적 자산가치 상승과 인위적 자산가치 상승을 비교한 자본이익의 차이를 비교해 보겠다.

B씨는 2018년에 10개의 유닛으로 된 사무실 건물을 100만 달러에 매입했다. 5년의 임대 기간과 나머지 5년은 연장 옵션으로 공실 없이 10개의 유닛이 모두 점유된 건물이며, 10개 유닛 모두 같은 평수이고 임대료 역시 같은 경우다.

2018년 B씨가 이 사무실 건물을 매입할 당시 한 유닛당 월 임대료는 1,200달러였고, 10개 유닛 모두 소비자물가지수를 감안해 매년 3%씩 임대료가 올라가는 임대 계약을 맺었다. 2022년 현재 한 유닛당 임대료는 1,351달러가 되었다. (1년 후: 1,236달러, 2년 후: 1,274달러, 3년 후: 1,312 달러, 4년 후: 1,351달러) 총운영지출은 총수입의 50%라고 가정하고 2018년과 동일한 경우 2022년 현재 이 사무실 건물의 가치를 계산해보자.

B씨가 이 사무실 건물을 매입했던 당시의 자본환원율은 7.2%(1,200달러×10×12×0.5=72,000달러/100만 달러)였다. 2022년 현재 2018년과 동일한 자본환원율 7.2%를 적용하여 현재 가격을 계산해보면 112만5,833달러가 된다(1,351달러×10×12×0.5=81,060달러/ 자본환원율 7.2%).

이 사례에서 B씨는 2018년 이 사무실 건물을 매입하고 어떤 개선도 하지 않은 채 소비자물가지수를 기준으로 한 연 최소 3%의 임대료만 인상했는데도 시장의 원리에 의해 4년 후인 2022년 현재 자산의 가치는 125,833달러(현재 가격 112만5,833달러-과거 가격 100만 달러)가 올랐다는 것을 알 수 있다. 이때 가치상승률은 12.58%다(가치상승 125,833달러/매입비용 100만 달러).

그럼 만약 B씨가 2018년 이 사무실 건물을 매입한 다음, 한 유닛당 1만 달러를 지출해서 새로운 냉난방 시설과 페인트 작업을 거쳐 같은 해 임대료를 한 유닛당 1,500달러로 인상했다고 가장해보자. 이때 매년 소비자물가지수 기준으로 연 3%씩 임대료를 인상하는 임대 계약을 다시 체결해서 임대료는 1,687달러로 상승할 것이다(1년 후: 1,545달러, 2년 후: 1,591달러, 3년 후: 1,638달러, 4년 후 : 1,687달러).

그 임대료를 넣어서 계산한 2022년의 순운영소득은 101,220달러가 된다(1,687달러×10유닛×12개월=연 임대수입 202,440달러×0.5=101,220달러). 여기서 2018년 이 사무실 건물 구입 당시의 자본환원율 7.2%를 적용하여 현재 가격을 계산하면 140만5,833달러(101,220달러/7.2%)가 된다. 여기서 냉난방 시설과 페인트 작업으로 소모한 개선비 10만 달러를 제하면, B씨는 10만 달러의 개선비로 자산가치를 상승시켜 305,888달러 (현재 가격 140만5,833달러-개선비용 10만 달러-매입 가격 100만 달러)의 순자본이익을 얻은 것이다. 이 경우의 가치상승률은 30.58%가 된다(305,888달러/100만 달러).

앞에서 설명한 것처럼 B씨가 자연적 자산가치 상승으로 얻은 자본이익 125,833달러와 인위적 개선을 통한 인위적 자산가치 상승으로 얻은 자본이익 305,888달러를 비교해 보면 180.055달러의 차이가 발생한다.

이처럼 인위적인 자산가치 상승은 임대용 부동산의 경우 부동산 소유자나 투자자의 주관적이고 직접적인 투자 전략과 계획에 의한 개선으로 자연적인 자산가치 상승에 비해 단기간에 가치상승의 효과를 기대할 수 있으며, 현금흐름을 극대화할 수 있다.

위의 예시들은 부동산은 유형자산이기에 인위적인 개선을 통해 자산의 가치를 상승시킬 수 있는 점을 잘 보여주고 있다.

다음은 거주용 주택의 인위적 자산가치 상승에 대해 알아보자. 거주용 주택의 경우는 주로 유사매매 사례비교법으로 주택이 위치한 지역을 기준으로 그 근처의 유사한 비교 대상 주택의 최근 판매가를 기준으로 가치가 평가된다. 이런 경우는 위치와 편의시설에 따라 가치가 평가될 수 있으나, 현금흐름이 얼마나 좋은지에 따라 가치가 평가되지 않는다. 즉, 자산가치를 높이려면 거주용 주택이 가지고 있는 속성 자체를 개선해야 한다. 주방 개선, 방의 개수 추가, 욕실 추가 및 지하실 마무리 공사 등의 개선으로 자산의 가치를 높일 수 있다.

02
미국 부자들의 비밀,
세금 혜택

미국 부동산 투자로 얻는 세금 혜택은 상당하다. 세금 공제는 투자자가 부동산에 투자함으로써 누릴 수 있는 큰 혜택으로, 부동산 투자와 관련하여 임대용 부동산에 투자하면 수동소득을 창출할 수 있을 뿐만 아니라 절세효과를 얻을 수 있다. 자산을 늘리거나 임대료를 받는 것 외에도 부동산에 투자해야 하는 또 다른 이유다.

미국 부자들이 부동산에 투자하는 가장 기본적인 이유는 내년 소득세로 납부하는 세금이 엄청나기에 부동산 투자로 절세하기 위해서다. 그들의 자산관리사나 세무사들은 세금을 합법적으로 절감하는 방법으로서 부자들의 현금 자산을 부동산 자산으로 전환하여 최대한 절세를 돕고 있다. 이렇듯 미국 부동산 부자들은 국세청의 세금코드를 합법적으로 요령껏 활용하면서 세금을 줄이거나, 마이너스 처리를 통해 아예 내지 않는 일도 있다.

그럼 미국 부동산 투자로 누릴 수 있는 최고의 세금 혜택에 대해 알아보자. 미국의 부동산 관련 세금에는 부동산을 보유했을 때의 임대수입에 대한 소득세와 부동산을 매각할 경우의 양도소득세가 있다.

먼저 임대수입에 대한 소득세의 공제 혜택은 다음과 같다.

a) 거주용 부동산을 보유하고 거주할 경우 적용되는 세금 공제

거주용 부동산을 보유할 경우 적용받을 수 있는 세금 공제는 다음과 같다.

① 일 년 동안 지급한 모기지 론 이자

② 20%의 다운페이먼트를 하지 않고 모기지 론을 받았을 경우 발생하는 모기지 론 보험 (PMI)

③ 모기지 론을 받을 때 이자를 낮추기 위해 지급한 디스카운트 포인트

④ 재산세 - 1년에 최대 1만 달러까지 공제 가능 (2018년 세법 개정 이후)

임대용 부동산을 보유할 경우 적용받을 수 있는 세금 공제는 다음과 같다.

① 일 년 동안 지급한 모기지 론 이자

② 재산세

③ 부동산 보험

④ 자산 관리 수수료

⑤ 건물의 유지와 보수, 수리

⑥ 주택소유자협회 관리비

⑦ 법적 수수료

⑧ 적격 임대 사업 비용

⑨ 임대 손실 부분 (개인이나 법인에 따라 다소 차이가 있음)

⑩ 건물 감가상각

여기에서 중요한 부분은 바로 건물 감가상각으로 부동산 투자의 가장 강력한 세금 혜택 중 하나다. 해마다 진행되는 건물의 노후를 가치로 환산해서 세금을 공제받는 것이다. 거주용 부동산의 경우 27.5년, 상업용 부동산일 경우 39년까지 감가상각을 할 수 있기에 과세 소득을 낮추는 데 도움이 되며 절세의 효과를 누릴 수 있다. 실제 예를 통해 설명해보겠다.

J씨는 2021년에 신규 주택을 40만 달러에 매입해 임대료로 월 2,500달러를 받고 있으며 연간운영비용으로 15,000달러를 지출한다. 땅의 가치는 5만 달러다. 또한 J씨는 32% 소득세율 구간에 속해 있다. 여기서 J씨의 감가상각 전 과세 소득과 감가상각 후 과세 소득을 비교해보자.

각종 운영비용과 모기지 이자가 지불되고 감가상각비가 공제된 후 부동산이 창출하는 소득은 수동소득으로 과세 대상이다. 매년 납부해야 하는 세금의 액수는 투자자의 과세 등급에 따라 다르며 2021년 일반 소득세율 과세 구간은 10%, 12%, 22%, 24%, 32%, 35%, 37% 범위로 나뉘어 있다. 하지만 이 소득세율의 상당 부분을 감가상각으로 절세할 수 있다!

J씨의 경우, 연간 임대소득 3만 달러(2,500달러 × 12개월)에서 정상적인 운영비용(자산 관리, 수리 및 유지 보수, 보험, 재산세, 모기지 이자 등)을 지급한 뒤 15,000달러가 남았다고 가정하자. J씨의 '감가상각 전' 과세 소득은 15,000달러가 된다.

여기서 건물의 감가상각을 계산하면, 매입 가격 40만 달러에서 땅의 가치인 5만 달러를 빼서 35만 달러가 된다. 이 금액을 거주용 주택의 감가상각 연수 27.5년으로 나누면 매년 12,727달러를 감가상각 할 수 있다. 그렇다면 J씨는 감가상각 전 소득 15,000달러에서 감가상각비 12,727달러를 공제해 감가상각 후 과세 소득으로 2,273달러가 적용된다.

J씨가 32% 소득세율 구간에 속해 있는 경우 실제로 납부해야 하는 세금은 727.36달러가 되는 것이다.

이는 감가상각으로 투자자들이 얼마나 강력한 세금 혜택을 받을 수 있는지를 잘 보여주고 있다. 하지만 앞에서 누누이 말한 것처럼 부동산을 보유하는 동안 감가상각한 금액은 부동산을 매각할 경우, 회수의 대상이 된다. 보유기간 중 청구한 모든 감가상각비에 표준 소득세율을 적용해서 납부해야 한다. 이러한 감가상각 회수를 피하기 위해서는 동종자산교환을 하거나 임대한 거주용 부동산을 주 거주지로 전환하고 최근 5년 동안 최소 2년 동안 거주해야 한다.

거주용, 임대용 주택을 매각할 경우의 양도소득세나, 동종자산교환은 충분히 설명했으니 이번에는 현금인출재융자부터 설명하겠다.

c) 현금인출재융자(Cash Out Refinance)

현금 조달을 위해 투자자들 대부분은 부동산 매각을 생각하지만, 그 경우 양도소득세 납부 의무가 생긴다. 현명한 투자자들은 동종자산교환을 통해 양도소득세를 연기하면서 현금은 현금인출재융자를 통해 조달한다. 이는 상승한 자산을 담보로 현금을 빌리는 것으로 세금이 부과되지 않는다. 또 이러한 융자에 대해선 이자를 세금에서 공제받을 수 있으며, 빌린 현금은 언제든지 수동소득을 창출하는 또 다른 부동산에 재투자해서 추가적인 현금흐름을 창출하고 자산의 가치를 올릴 수 있다.

예를 들어, 5년 전 40만 달러의 임대용 부동산을 현금으로 매입했다고 가정해보자. 이 부동산은 현재 80만 달러의 가치가 있기에 현금인출재융자를 통해 40만 달러의 투자금을 회수하여 다른 부동산에 재투자할 때 사용할 수 있다. 현금인출재융자를 통해 40만 달러의 금액을 현금으로 인출할 경우 이 돈에 대한 세금은 낼 필요가 없다. 그리고 새로이 생성된 재융자의 융자상환금액에서 이자 부분은 세금에서 공제된다. 현금인출재융자를 통해 회수한 현금은 주로 또 다른 수동소득을 창출할 수 있는 자산으로 활용되는 경우가 많다.

d) 적격사업소득(QBI: Qualified Business Income)

2017년의 세금 감면 및 고용법(Tax Cuts and Jobs Act of 2017)에 따라

부동산 투자자, 소기업 소유자 및 자영업 전문가를 위한 유용한 세금 공제가 만들어졌다. 이 공제는 적격사업소득(QBI) 공제 또는 일반적인 용어로 '통과세금공제'로 알려져 있다.

적격사업소득에 따라 적격 당사자는 적격임대소득과 같이 개인, 파트너십, S-corporation 및 유한책임회사와 같은 통과 사업체로부터 받는 소득에 대해 최대 20% 공제를 받을 수 있다. C-corporation은 포함되지 않는다.

이러한 통과 사업체로부터 받는 부동산 임대소득은 국세청에 의해 수동소득으로 분류되어 추가 세금 혜택 및 공제를 받을 자격이 주어진다. 다만 소득 제한이 있어서 2022년에는 단일 신고자의 경우 170,050달러 이하, 공동 신고자의 경우 340,100달러 이하의 소득을 가져야 혜택을 받을 수 있다. 또 통과세금공제는 2025년에 만료될 예정이다.

e) 부동산 자영업자를 위한 FICA 세제 혜택

자영업 납세자는 급여세라고도 하는 FICA(Federal Insurance Contributions Act; 연방 보험 기여금법) 세금으로 근로 소득의 15.3%를 납부해야 한다. FICA는 사회보장세금(Social Security Tax) 6.2%와 메디케어 세금(Medicare Tax) 1.45%를 합한 세금으로, 근로자의 급여를 기준으로 회사와 근로자가 각각 7.65%씩 같은 금액을 납부한다. 즉, 고용주가 있는 경우 고용주가 FICA 세금의 절반을 지급할 책임이 있다.

그러나 임대로 번 임대소득은 근로 소득으로 분류되지 않아서 임대소득이 있는 부동산 소유자는 FICA 세금을 납부할 책임이 없다.

지금까지 미국 부동산 투자와 관련된 세금 혜택을 정리했다. 여기서 가장 중요하고 강력한 세금 혜택은 건물 감가상각, 동종자산교환, 현금인출재융자라고 할 수 있다. 미국 부동산 부자 대부분은 이세 가지 세금 혜택을 잘 활용해서 부동산 투자의 이익을 극대화하고 있다.

03
높은 수익을 알아내는 방법!
현금흐름

부동산 투자에서 중요한 점은 자산가치의 상승뿐만 아니라 현금흐름도 좋아야 한다는 것이다. 앞서 말했듯, 한국 부동산의 특징이 주로 자산가치 상승에 중점을 두는 것이라면, 미국 부동산은 안정적인 자산가치 상승과 더불어 높은 월세 수입으로 현금흐름이 좋다는 것이 특징이다. 미국은 워낙 광활한 국가라 지역에 따라 현금흐름도 다소 차이가 있다. 뉴욕이나 캘리포니아주 같은 경우는 이미 오래전부터 대도시여서 현금흐름이 조지아주 같은 신규 대도시 지역보다 다소 좋지 않은 경향이 있다. 그렇다면 현금흐름이란 무엇인가?

현금흐름은 임대용 부동산의 총임대수입에서 총지출을 뺀 순수입을 말한다. 좀 더 상세히 표현한다면, 임대용 부동산 월간 총임대수입에서 월간 비용의 지출을 뺀 나머지 월 순수입을 말한다. 이러한 현금흐름은 본질적으로 수동소득이며 임대용 부동산을 매입해서 보유 중인 투자자들이 투자 수익을 계산하는 데 중요한 점이기도 하다. 현금흐름을 계산하는 방법은 다음과 같다.

현금흐름 = 총임대수입 – 부채를 포함한 총지출

다음은 임대용 투자 부동산에서 월별 현금흐름을 계산하는 방법을 일례로 알아보자. 매입한 거주용 임대 부동산이 35만 달러며, 월 임대수입은 2,300달러라고 가정하자. 구매 가격인 35만 달러 가운데 20%인 7만 달러를 다운페이먼트하고 80%인 28만 달러는 대출을 받았으며, 이자는 30년 고정금리 3.5%를 적용받았다. 새집으로 수리가 필요하지 않은 경우며 공실률이 거의 없는 위치의 임대용 부동산이다.

월 임대수입 : 2,300달러 (연간 임대수입: 27,600달러)

[월간 운영비용 지출]
모기지: 1,257달러 (원금 일부와 이자)
재산세: 350달러
보험: 50달러
자산 관리 수수료: 80달러

월간 총 운영비용은 1,737달러, 임대수입은 2,300달러로 달마다 563달러의 현금흐름을 얻게 된다.

이 예시에서는 7만 달러의 자기자본을 투자해서 연간 수동소득으로 6,756달러(563달러 × 12개월)를 얻을 수 있다. 즉 투자금액 대비 연 9.7%의 수동소득이 발생하는 것이다. 여기서 안정적인 자산 관리를 위해 연간 수동소득에서 수리나 공실을 대비한 적립금을 따로 비축해두는 것이 바람직할 수 있다.

다음은 개선을 통한 현금흐름의 극대화 후 자산가치를 극대화하는 경우를 예로 들어서 설명해보겠다.

C씨는 2020년에 10개의 유닛이 있는 다가구 주택을 시세보다 저렴한 80만 달러에 매입했다. 매입할 때 본인 자금 20만 달러와 60만 달러의 대출을 합해서 매입할 수 있었으며, 30년의 대출상환 기간에 5%의 이율로 월 대출상환금액은 3,220달러(원금+이자)다. 임대료는 유닛당 월 800달러로 내부가 낡았고 유지 관리가 늦어지고 있지만, 공실이 없고 임대료가 시장 가격보다 저렴해 개선을 통한 가치상승을 기대할 수 있었다.

C씨는 이 건물을 매입한 즉시 한 유닛당 1만 달러를 투입해서 부

엄의 찬장과 카펫을 교체하고 내벽 페인트를 새로이 단장하는 등, 건물을 개선하였다. 그런 다음 각 유닛당 임대료를 1,100달러로 인상했다.

C씨가 처음 이 주택 건물을 매입했을 당시, 부동산의 연간 총소득은 96,000달러 (800달러×10유닛×12개월)이다. 여기서 총 연간지출 11,000달러(재산세 8,000달러, 보험 2,000달러, 자산관리비 1,000달러)를 빼면 순 운영수입은 85,000달러가 되고 여기서 연 대출상환금 38,640달러 (3,220달러 × 12개월)를 빼면 연 현금흐름은 46,360달러가 된다. 자본환원율은 10.6%, 투자금액 대비 연 현금흐름은 23%(46,360달러/20만 달러) 이다.

그럼 개선을 통해 각 유닛당 임대료를 1,100달러로 인상한 후 현금흐름을 계산해 보자.

개선 후, 연간 총소득은 132,000달러(1,100달러×10유닛×12개월)다. 여기서 연간 총지출은 11,000달러(재산세 8,000달러, 보험 2,000달러, 자산관리비 1,000달러)를 빼면 순운영소득은 121,000달러가 되고 여기서 연 대출상환금 38,640달러(3,220달러×12개월)를 빼면 연 현금흐름은 82,360달러가 된다. 투자금액 대비 연 현금흐름은 27.5% (82,360달러/30만 달러=자기자본 20만 달러+개선비 10만 달러)이다.

개선 후의 연 현금흐름은 36,000달러(82,360달러-46,360달러)만큼 증가했고 개선 전의 연 현금흐름인 46,360달러와 비교하면 약 77% 증가했다. 그럼, 개선으로 현금흐름을 극대화한 후, 자산의 가치는 어떻게 바뀌었을까?

순운영소득이 121,000달러고 여기에 C씨가 처음 다가구 임대용 부동산을 매입했을 당시의 자본환원율인 10.6%를 적용하면 개선 후 자산가치는 114만1,509달러(121,000/0.106)가 된다. 여기서 개선비용 10만 달러를 빼면 현금흐름을 극대화한 후 자산가치 상승으로 인한 자본이익은 241,509달러(114만1,509달러-10만 달러-80만 달러)가 되는 것이다.

앞에서 설명한 예시를 통해서 알 수 있듯이, 현금흐름이 좋아지게 되면 수익환원법(Income Approach)에 따른 임대용 부동산 가격산정 방식의 원리로 자산가치도 자동으로 상승하게 된다. 수익환원법에 대해서는 8장에서 설명하도록 하겠다.

그럼, 현금흐름에 도움이 되는 요소들에는 어떤 것이 있을까?

첫째, 임대료 상승이다. 현금 흐름을 증가시키는 가장 확실한 방법은 부동산의 임대료를 높이는 것이다. 임대료가 싼 부동산을 매입해서 임대료를 현재 시장 임대료에 맞추면 가능하다. 또는 부동산의 개선으로도 임대료를 올릴 수 있다.

둘째, 장기 임대다. 공실률은 현금흐름을 저해하는 큰 요소이므로 장기 세입자를 보유하는 것이 좋다. 이는 임대 기간이 만료될 때 임대료 인상에 너무 욕심을 부리지 않는 것이 좋다는 의미이기도 하다.

셋째, 사전 정비와 관리가 중요하다. 큰 수리나 유지·관리 비용으로 인해 몇 달 동안 현금흐름이 사라질 수 있다. 따라서 선제적 유지·관리는 미래에 훨씬 더 큰 비용을 예방할 수 있다. 또한, 구매를 고려하는 부동산들이 비슷한 가격일 경우 투자하는 부동산의 연식과 상태를 반드시 사전에 충분히 검토하는 것이 중요하다. 비슷한 지역에서 비슷한 가격인 동일 유형의 부동산일 경우 좀 더 좋은 현금흐름을 고려한다면 수리비 등의 부가적인 지출을 줄이기 위해서 신규 주택이나 연식이 얼마 안 되고 관리가 잘 된 부동산일수록 당연히 인기가 좋다.

넷째, 재융자(Refinancing)을 활용한다. 금리가 하락하면 재융자를 통해 매월 모기지를 낮추는 동시에 현금흐름을 늘릴 수 있다. 충분한 현금흐름을 갖는 것은 부동산 투자에서 필수적이다. 현금흐름이 좋은 임대 부동산에 투자하는 것은 모든 투자자의 목표이며 부동산에서 더 많은 현금흐름을 얻을수록 더 큰 안전성을 갖게 되고 더 많은 수입을 올릴 수 있다. 현금흐름을 늘리기 위해서는 앞에서도 언급했지만, 개선을 통해 임대소득을 올리고, 운영비 지출과 공실률은 낮추고 융자 대출을 적절하게 잘 조절하는 게 중요하다.

04
현명한 투자자의 지렛대,
부채

부동산 투자의 가장 큰 장점 중 하나는 외부의 돈을 끌어와서 투자자의 자산을 극대화할 수 있다는 것이다. 투자 비용의 일부만 자기자본으로 감당하고 융자라는 레버리지를 사용하여 원하는 부동산을 매입한다면, 현금흐름의 극대화를 통해서 자산의 가치를 높일 수 있다. 이렇게 레버리지를 이용해 부동산에서 수동이익을 얻어내면, 임차인의 임대료로 투자자의 부채를 상환할 수 있다.

간단한 예로 D씨기 헌금 10만 달러를 가지고 있다고 가정하자. D씨는 이 10만 달러라는 현금으로 투자용 주택 1채를 매입할 수 있다. 하지만 1채 가격의 20%인 2만 달러만 다운페이먼트로 내고 나머지 80%인 8만 달러는 은행대출을 받아서 충당한다면, 투자용 주택

5채를 매입할 수도 있다. 만약 1년 후 자산가치가 7% 상승한다면 투자용 주택 1채만 매입한 경우 7,000달러의 가치상승을 누리지만, 부채를 활용하여 투자용 주택 5채를 매입할 경우 35,000달러의 가치상승을 맛볼 수 있다. 이는 부채를 활용해 자산가치를 상승시키는 좋은 예라고 볼 수 있다.

또 이런 부채는 현금흐름을 더 향상시킬 수 있다. 위의 가정에서 D씨가 투자용 주택 1채를 매입한 경우의 연간 현금흐름을 7,000달러로 가정하자. 이때 10만 달러를 투자해서 얻는 연간 수익률은 7%다. 그러나 융자 대출을 이용해서 5채를 매입한 경우의 연간 현금흐름을 각 주택 당 2,400달러라고 가정하면, 주택당 투자한 자기자본 2만 달러에 대한 연간 수익률은 12%다. 따라서 부채를 활용한 경우의 연간 현금흐름은 1만 2,000달러가 된다. 투자용 주택 1채를 매입할 때 얻을 수 있었던 현금흐름(7,000달러)보다 더 좋은 현금흐름(1만 2,000달러)이 된다. 이는 부채를 활용해 현금흐름을 향상시키는 좋은 예라고 볼 수 있다.

부동산 투자를 위해 사용하는 부채에는 단기부채와 장기부채가 있다. 단기부채를 활용하는 경우는 주로 플리핑과 BRRRR(Buy, Renovate, Rent, Refinance, Repeat)투자라고 볼 수 있다. 플리핑을 하는 투자자는 단기구매재활금융(Short Term Purchase-Rehab Financing)으로 하드머니대출(Hard Money Loan)^{23}을 주로 사용한다. 대출기관은 부동산 구매 가격의 70~80% 정도와 공사비용의 100%를 대출해준다. 이 자금으로 투자자는 주로 8~12개월 안에 매입한 부동산을 개선하고 개수(renovate)한 다음, 높은 가격으로 재판매한다. 그리고 대출금을 상환한 후에 다시 다른 부동산에 재투자하는 과정을 반복한다.

BRRRR 투자는 매입한 부동산을 임대로 전환해서 유지한다는 점을 제외하고는 플리핑과 유사하게 작동한다. 즉, 하드머니대출로 부동산을 개수한 뒤 임차인을 구하고 장기 모기지로 재융자하는 것이다. 이러한 재융자를 통해 하드머니대출을 갚고, 필요한 경우는 개선으로 가치가 상승한 자산에서 초기 투자금을 현금으로 인출할 수도 있다. 현금인출 재융자는 원래 구매 가격이 아닌 개선 후 가치(ARV; After Repair Value)를 기준으로 하므로 재융자할 때 원래 투자금을 현금으로 빼낼 수 있는 경우가 많다. 현금인출 재융자를 통해 원래의 투자금을 회수해 계속 수동소득을 창출하는 자산에 재투자하는 것이다. 이러한 투자와 재투자의 반복이 미국 부자들이 부채를 사용하여 돈을 버는 방법의 하나다.

23　　부동산을 담보로 개인이나 금융 회사에서 제공하는 비적격 대출이다.

그럼, BRRRR 투자의 원리를 예를 들어 설명해보자.

투자자 P씨는 10개의 유닛으로 된 다세대 주택을 자기자본 80만 달러로 매입했다. 건물은 아주 낡았고 관리가 심각하게 부족한 허름한 상태였다. 그러나 위치는 아주 좋아서 고급스럽게 개수한다면 임대료를 많이 올릴 수 있다고 판단했고, 1년 기한의 단기대출 30만 달러를 얻어 6개월 동안 이 다세대 주택 건물을 전체적으로 개수했다. 이후 현재 시장의 임대료인 유닛당 월 1,200달러에 임대했고, 개수가 끝난 후 단 2개월 만에 10개의 유닛 모두 임차인을 구할 수 있었다.

연간 임대료는 144,000달러(1,200달러×10유닛×12개월), 연간 총지출은 2만 달러로 순운영소득은 124,000달러를 기록했다.

개수를 마치고 이 건물과 비슷한 가까운 위치에 있는 건물의 자본환원율을 비교해보니 6%로 하여 시장에 출시되어 팔렸던 건물이 있었다. 따라서 투자자 P씨는 본인이 소유한 다세대 주택을 가치를 산정한 후 팔지 않고 은행을 통해 재융자를 하기로 한다. P씨의 건물은 개수가 끝났고 공실률도 없으며, 최근에 팔린 비슷한 건물의 자본환원율이 6%로 유사사례 매매비교법으로 상정해 보아도 이미 팔렸던 건물과 비교해 손색이 없었다. 따라서 P씨 건물의 현재 가격은 약 200만 달러로 산정되었다(124,000달러/자본환원율 6%).

P 씨는 은행에서 30년 고정금리 장기 대출로 150만 달러의 재융자를 받아 개수를 위해 받은 단기대출 30만 달러를 갚고, 본인의 투자금 80만 달러를 회수하고도 40만 달러의 추가 투자금을 얻었다. 또 재융자를 통해 다세대 주택에 50만 달러의 순 자산을 보유하면서 지속적인 현금흐름도 가질 수 있었다. 이것이 BRRRR 투자의 원리다.

　부동산 투자는 부채를 활용하여 돈을 버는 방법의 대표적인 경우로 부채를 적절히 사용하면 세금 혜택과 더불어 현금흐름과 자산가치를 높일 수 있다. 그러나 이러한 부채는 지급하는 이자가 투자수익률(ROI)보다 낮을 때 수익을 낼 수 있으며, 과도한 부채는 많은 위험성을 가질 수 있어 반드시 합리적인 범위 안에서 잘 활용해야 한다. 처음 투자를 시작할 때는 적당한 수준의 레버리지를 사용하다가, 전문 지식이 늘어남에 따라 부채를 효과적으로 더 사용하여 부동산 투자를 좀 더 창의적으로 극대화할 수 있을 것이다.

　위에서 설명한 미국 부동산 투자에서 필수적인 네 가지 기본 핵심원리인 자산가치 상승, 현금흐름, 세금 혜택과 부재에서 알 수 있듯이, 이 네 가지 원리는 떼려야 뗄 수 없는 관계다. 부동산은 유형자산이라 개선을 통해 인위적으로 현금흐름과 자산가치를 증가시킬 수 있고, 대출이 용이하며, 미국의 세금 혜택을 이해하고 활용해 합법적으로 각종 세금공제와 기타 혜택의 효과를 볼 수 있다.

　　미국 부동산 매트릭스 도표를 보면 왼편에 있는 자산가치 상승과 현금흐름은 부동산 투자자가 누릴 수 있는 부동산 자산의 이익이라면 오른편에 있는 세금과 부채는 부동산 투자자가 부동산 자산을 보유함으로써 부과되는 채무라고 볼 수 있다. 하지만 미국 부동산 투자에서는 이러한 채무를 효과적으로 잘 활용한다면 부동산 자산 가치의 상승과 현금흐름을 극대화할 수 있다.

　　미국 부동산 부자들은 부채를 활용해 현금흐름을 끌어올리고 자산가치를 상승시키는 한편, 세금 혜택을 활용하여 이렇게 모은 자산을 최대한 지킨다. 그리고 상승한 자산가치로 재융자를 활용해 투자 자본을 회수하고, 수동소득을 창출하는 또 다른 자산에 재투자한다. 이것을 반복하는 것이 미국 부자들의 부의 전략이다.

7장

똑똑한 투자는
올바른 분석에서부터

6장에서 미국 부동산 투자 핵심원리인 ABCD 매트릭스를 설명했다. 이번 장에서는 미국 부동산 투자 핵심원리인 자산가치 상승, 세금 혜택, 현금흐름, 부채의 활용을 통해 미국 부동산 투자를 극대화하는 과정에서 반드시 깨우쳐야 하는 투자 수익성과 그 계산 방법을 알아보도록 한다.

투자분석은 부동산에 투입된 자금에 비해 어느 정도의 수익이 창출되는지를 아는 데 필요하다. 투자분석은 투자 결정에 도움을 주며 이를 통해 투자금이 얼마나 필요할지를 예상할 수도 있다.

부동산 투자자가 임대용 부동산의 잠재적 수익을 예측하고 계산하는 데 사용하는 가장 유용한 투자분석 지표는 자본환원율과 투자수익률이다. 자본환원율을 사용해 투자 옵션의 범위를 좁히고, 투자수익률을 사용해 투자할 부동산의 수익을 계산할 수 있다. 그리고 부채를 활용하여 레버리지 효과를 극대화하기 위해서는 부채상환비율(DSCR)이 무엇이며 어떤 의미가 있는지를 알아야 할 것이다.

그럼 가장 먼저 투자분석 방법 중 자본환원율을 알아보자.

손해 보지 않는 거래의 기본,
자본환원율

ABCD 매트릭스의 A, 즉, 자산가치 상승에서 자산의 정확한 가치를 계산하기 위해 알아야 하는 것이 바로 자본환원율이다. 임대소득을 창출하는 부동산일 경우는 그 부동산의 가치를 주로 수익환원법을 통해 평가하며, 거기에 최근에 팔린 비슷한 부동산의 가치를 비교하는 유사매매 사례비교법을 통해 가치 평가를 좁히는 경우로 자산가치를 평가하는 경우가 대부분이다. 미국 부동산의 가격이 어떻게 결정되는지는 8장에서 다시 설명하기로 한다.

그렇다면 자본환원율이란 무엇일까? 자본환원율은 투자한 자본 가운데 사업 이익으로 다시 환원되는 비율이다. 이 지표는 부동산 투자자가 투자 부동산의 가치와 잠재적 수익을 결정하는 가장 일반석인 방법의 하나다. 자본환원율이 투자 부동산을 평가하는 유일한 방법은 아니지만, 투자자가 알아야 할 가장 중요한 투자분석 지표 중 하나로 여겨진다.

자본환원율은 부동산 투자의 수익성을 평가하는 가장 일반적인 방법이다. 이 지표는 구매자가 융자를 고려하기 전에 예상 투자 수익을 결정하는 데 도움이 되며 융자라는 레버리지를 사용하지 않는다는 가정하에 산출되며 단독주택, 콘도, 타운하우스와 같은 거주용 임대 부동산, 다가구 임대 부동산, 아파트 건물, 상업용 부동산과 같은 유형의 임대용 부동산을 매입하기 전이나 보유하고 있을 때, 그리고 매매를 고려할 때도 항상 자본환원율을 통해서 투자 수익성을 평가하고 결정해야 한다.

그러나, 투자용 부동산이라 할지라도 자본환원율을 사용하는 것이 의미가 없을 때가 있다. 일반적으로 다음과 같은 경우에는 자본환원율을 사용하지 않는다.

첫째, 플리핑을 위한 투자용 부동산 매물의 경우다. 플리핑을 하는 투자자는 부동산을 임대하는 대신 매각할 것이기 때문에 잠재적 임대수입에 관심이 없을뿐더러, 개선을 통한 빠른 매각을 하는 경우라 자본환원율의 적용이 필요하지도 않다.

둘째, 휴가용 임대 부동산이나 단기 임대를 목적으로 하는 투자용 부동산의 경우다. 이런 부동산들은 일 년 내내 임대되지 않기 때문에 자본환원율로 부동산의 가치를 정확하게 예측하지 못한다.

셋째, 단순 토지나 비어 있는 부동산을 매입하는 경우다. 이런 경우 순운영소득을 결정하는 것이 불가능하기에 자본환원율을 적용할 수 없다.

그럼 자본환원율은 어떻게 계산할까? 자본환원율은 임대용 부동산이 창출하는 순운영소득을 부동산 가치 또는 요구 가격으로 나누어 계산한다. 일부 투자자가 다른 투자자보다 모기지 론 같은 부채를 더 많이 사용하거나 그 반대의 경우도 있기에 자본환원율 계산에서는 이런 부채가 제외된다. 즉, 현금으로 구매한다고 가정한다.

자본환원율을 산출하기 위해서는 가능총소득(Potential Gross Income)에서 시작한다. 가능총소득은 임대료, 임대보증금의 운영이익, 관리비 등의 수입을 모두 합한 것으로 임대 가능 공간이 100% 임대되었을 때 들어오는 수입의 최대한도를 나타내는 수치다. 여기서, 공실 및 임대료 미수(Vacancy and Collection Losses)를 차감한 것이 유효총소득(Effective Gross Income)이다. 그리고 유효총소득에서 유지관

리비와 재산세 등의 각종 운영 경비를 차감한 것이 순운영소득이
된다.

자본환원율 = 순운영소득 / 부동산 가격
순운영소득 = 유효총소득 - 각종 운영비용
유효총소득 = 가능총소득 - 공실 및 임대료 미수

　자본환원율 산출이나 자산가치 평가에서 가장 중요한 부분이
바로 순운영소득이다. 자본환원율을 올리거나 자산가치를 올릴 수
있도록 하는 요인이 바로 순운영소득이기 때문이다. 따라서 투자자
는 임대수입을 늘리고 지출을 줄임으로 순운영소득을 극대화하여
결국은 자본환원율을 올리거나 자산가치를 올리는 투자 전략을 세
운다.

　그럼, 구체적인 예를 들어 자본환원율을 산출해보자. 4개의 유닛
이 붙어 있는 다세대 임대 부동산 매물이 675,500달러로 시장에 나
왔다. 가능총소득은 73,200달러, 공실 및 임대료 미수가 3,600달러
일 경우, 유효총소득은 69,600달러가 된다. 여기서 재산세 7,500달러,
보험료 2,800달러, 관리비 4,320달러, 수도세 3,900달러, 보수-수리
비 6,800달러, 개선 및 교체비 3,050달러, 기타비용 700달러 등의 각

종 운영 비용을 차감하면, 순운영소득은 40,530달러가 된다.

여기서, 자본환원율은 순운영소득(40,530달러)을 부동산 가격(675,500달러)으로 나누면 6%가 된다. 만약, 비슷한 다세대 임대 부동산의 가격이 739,909달러라면 그 부동산의 자본환원율은 5.5%가 되며, 가격이 810,600달러라면 자본환원율은 5%가 된다.

그럼 여기서 월 임대료를 한 유닛당 100달러 올려서 가능 총 연간소득을 78,000달러로 올리고 공실 및 임대료 미수를 1,000달러로 줄이면 유효총소득은 77,000달러가 된다. 여기서 각종 운영 비용인 29,070달러를 빼면 순운영소득은 47,930달러가 된다. 이 순운영소득(47,930달러)을 부동산 가격(675,500달러)으로 나누면 7%의 자본환원율이 나온다. 여기서 원래 자본환원율이었던 6%를 적용해서 이 동일 부동산의 가치를 계산해보면 798,833달러(47,930달러/6%)가 된다.

위의 예시에서도 알 수 있듯이, 자본환원율은 자산가치 상승에 아주 큰 역할을 하는 지표며 또한 이 자본환원율을 끌어올리는 중요한 요소가 바로 순운영소득이라는 것을 알 수 있다. 이렇듯 순운영소득은 부동산으로 수동소득을 만드는 데 엄청나게 중요한 역할을 하는 요소다. 순운영소득을 높이는 원리는 아주 간단하다. 총수입을 올리고 지출을 줄이면 된다. 미국의 부동산 재벌들은 바로 순운영소득을 높이는 투자 전략을 통해 자산가치를 상승시킨다.

또한, 위의 예시에서도 알 수 있듯이, 자본환원율이 높으면 부동산 가격이 낮다는 것이고, 자본환원율이 낮아지면 부동산의 가격이 높아진다는 것이다. 즉, 부동산 가격 또는 가치 = 순운영소득 / 자본환원율이라는 공식이 성립한다. 자본환원율은 수요량과 투자하려는 지역의 재고량, 부동산 유형과 등급에 따라 다를 수 있기 때문에, 자본환원율이 높다고 해서 반드시 좋은 임대용 부동산이라고 볼 수는 없다. 하지만 일반적으로 자본환원율이 4%에서 10% 사이라면 상당히 좋은 수준으로 간주하고 있다.

이러한 자본환원율은 투자자와 투자 전략에 따라서 매우 주관적일 수 있다. 예를 들어, 약 5%의 자본환원율은 대도시, 고비용 지역과 같이 수요가 많은 지역에서는 평균일 수 있지만, 수요가 낮은 도시 외곽지역의 경우는 10%가 넘는 자본환원율을 흔히 볼 수 있다. 자본환원율은 다음과 같은 요인에 따라 달라질 수 있다.

첫째, 자본환원율은 위치와 입지에 따라 달라진다. 대부분의 부동산 투자자는 일반적으로 높은 자본환원율을 원하거나 순운영소득에 비해서 판매 가격이 낮은 것을 선호한다. 그러나 일반적으로 더 높은 자본환원율은 더 높은 위험을 의미하고 더 낮은 자본환원율은 더 낮은 위험을 의미한다. 예를 들어 도심은 도시 외곽보다 투자 부동산에 대한 높은 수요와 낮은 위험으로 낮은 자본환원율을 보인다. 따라서 부동산 판매 가격은 더 높을 것이다. 투자자들은 주요 도시의 부동산에 수요가 더 많아 위험이 덜하다고 인식해서 더 큰 비용을 낼 용의가 있기 때문이다.

둘째, 자본환원율은 투자 부동산의 유형에 따라 달라진다. 예를 들어 다가구 주택같이 위험이 낮은 부동산은 일반적으로 다른 투자 부동산과 비교하면 자본환원율이 낮다. 부동산 투자자들은 더 안전한 투자라고 생각하기 때문에 거주용 부동산의 순운영소득에 비해 더 높은 가격에 거주용 부동산을 구매하기도 한다. 경제가 불황에 접어들면 임대료가 조금 떨어질 순 있지만, 사람들은 어딘가에는 살아야 하므로 거주용 임대 부동산이 더 안전하다고 보는 것이다.

셋째, 자본환원율은 투자 부동산의 등급에 따라 달라진다. 같은 유형의 부동산이라도 등급에 따라 자본환원율이 달라진다. 같은 유형의 부동산이라 해도, C등급과 비교했을 때 A등급의 부동산의 자본환원율이 더 낮다. 즉, A등급의 부동산 가치가 더 높다는 것이다.

앞서 언급했듯이 자본환원율은 부동산 투자의 위험 수준을 측정하는 척도다. 일반적으로 자본환원율이 높을수록 부동산 투자와 관련된 위험이 커진다. 투자자마다 위험 허용 범위가 각기 다르기에, 일부는 자본환원율은 낮지만 안정적인 투자를 선호할 수 있고, 경험이 풍부한 투자자는 더 높은 자본환원율을 위해 위험을 감내할 수 있다.

자본환원율은 비교할 수 있는 상대적인 부동산 통계다. 부동산 판매를 고려하거나 자산가치 상승으로 인해 재융자를 고려할 경우 투자자가 보유하고 있는 부동산과 유사한 투자 부동산을 평가하여 투자자가 보유하고 있는 부동산의 가치를 판단하는 경우에 사용된다. 또는 투자자가 보유하고 있는 부동산을 매각할 경우 부동산 가치 산정을 위해 많이 사용되고 있는 수익환원법을 통한 가치 평가에도 많이 사용된다. 이때 반드시 대상 부동산(Subject Property)은 비교 대상 부동산(Comparable Property)과 동일한 시장과 유형이어야 하며, 또한 같은 시점에서 분석해야 한다. 이러한 자본환원율은 임대용 부동산의 감정평가인 수익환원법이나 투자분석에서 꼭 필요한 핵심 요소다.

자본환원율을 통한
미국 부동산 시장의 이해

앞에서 자본환원율이 무엇이며, 자본환원율로써 어떻게 자본의 환원 효과를 분석하는지, 그리고 자본환원율에 영향을 미치는 요인은 무엇인지, 등을 알아보았다. 동일한 속성을 가진 부동산이라도, 부동산이 자리 잡은 위치와 입지에 따라 자본환원율이 달라질 수 있으며, 동일한 시장 속에서도 부동산의 등급과 유형에 따라 자본환원율이 달라질 수 있다는 점을 알아보았다. 이번에는 자본환원율에 영향을 주는 주요 요인을 좀 더 상세히 알아보자.

첫째, 거시경제 및 인구 통계가 자본환원율에 영향을 미칠 수 있다. 뉴욕, 로스앤젤레스, 샌프란시스코, 서울 등 인구가 많고 경제 활동이 활발한 대도시들은 지속적인 인구 유입으로 높은 수요와 함께, 부족한 땅과 부동산 개발 규제로 인해 신규 건설 공급이 부족하다. 따라서 투자할 부동산의 위치를 선정하는 과정에서 이런 거시경제 및 인구 통계는 부동산 가치에 상당한 영향을 미친다. 그리고 인구 유입이 많은 대도시에 있는 부동산에 투자자들이 돈을 투자하는 것이 덜 위험하다고 생각하게 한다.

자본환원율 측면에서 이것은 낮은 자본환원율, 즉 높은 가격을 의미한다. 그리고 실질적으로 투자자와 부동산 소유자가 더 낮은 위험 때문에 좀 더 낮은 수익을 기꺼이 받아들인다는 것을 의미한다. 반면 교외 지역이나 소도시 시장의 경제 및 인구 통계로 미루어보면, 이 지역들은 인구가 많고 다양한 경제 활동을 하는 대도시만큼 선호되지 않는 경향이 있다. 따라서, 투자자들은 이러한 위험을 보상받기 위해 더 높은 자본환원율을 요구한다.

밑의 표에서 각 대도시 부동산 시장 간의 자본환원율의 차이를 잘 보여주고 있다. 대도시의 안정적이고 인구가 많은 지역의 B급 다세대 주택을 기준으로 한 자본환원율을 보여주는 표이다. 동일한 다세대 주택이라도 대도시의 자본환원율이 좀 더 낮게 형성되어 있음을 알수 있다.

애틀란타 (Atlanta, GA)	5.00~5.75%
시카고 (Chicago, IL)	4.25~4.75%
로스앤젤레스 (Los Angeles, CA)	4.25~5.00%
샌프란시스코 (San Francisco, CA)	4.00~4.50%
시애틀 (Seattle, WA)	4.25~4.75%
워싱턴 D.C (Washington D.C)	4.75~5.25%

출처 : CBRE   2019년 하반기 기준

둘째, 동일한 시장에서도 부동산의 등급과 유형이 자본환원율에 영향을 미친다. 시장은 하나지만, 어느 부동산의 위치는 다른 부동산의 위치보다 좀 더 좋을 수 있다. 이를 반영하기 위해 상업용 부동산 건물은 위치와 건물 상태에 따라 A, B, C의 3등급으로 구분할수 있다. A등급이 가장 최신의, 가장 좋은 위치에 있으며 수요가 많은 건물을 의미하며, B와 C는 좀 더 오래되고 낡거나 시설이나 개선이 좀 더 떨어지는 경우를 의미한다. 따라서, 투자자들은 각 부동산 등급에 따라서 서로 다른 자본환원율을 요구한다. 밑의 표는 애틀랜타를 기준으로 등급별 자본환원율을 잘 보여주고 있다.

동일한 유형의 부동산이라도 자본환원율은 등급별로 다르게 적용된다. 표에서 볼 수 있듯이, A등급의 부동산이 B등급이나 C등급

부동산 유형	A등급		B등급	C등급
다세대 주택 (Multifamily)	4.25~5.00%		5.00~5.75%	5.75~6.50%
소매점 (Retail)	5.25~6.25%		6.75~8.25%	8.50~11.00%
사무용 (Office)	5.50~6.50%		7.25~8.25%	8.50~10.00%
산업용 (Industrial)	4.50~5.00%		5.50~6.00%	7.00~8.00%
호텔 (Hotel)		럭셔리	풀서비스	셀렉트 서비스
	도심 (CBD)	6.50~8.00%	7.25~8.50%	7.75~9.00%
	외곽 (Suburban)	7.00~8.25%	7.75~9.00%	8.25~9.50%

출처 : CBRE   2019년 하반기 기준

보다 자본환원율이 낮게 적용된다. 자본환원율이 낮다는 것은 투자
위험 수치가 낮고, 반면 가격은 높다는 것이다.

  셋째, 부동산 유형이 자본환원율에 영향을 미친다. 동일한 시장
에서 다세대 주택 부동산의 가격은 일반적으로 정확히 같은 위치에
있는 소규모 소매 쇼핑센터의 가격보다 높다. 투자에서 거주용 부동
산은 좀 더 안전하다고 간주하며, 그 이유는 경제 불황 속에서도 사
람들이 살 집은 필요하기 때문이다. 반면 사무실 건물이나 쇼핑센터

의 소매점 같은 유형의 부동산일 경우는 경기 불황에 훨씬 더 민감하며 주거 시장보다 수요 변화에 훨씬 더 탄력적이라 경제의 변화에 더욱 민감하게 반응한다. 다음 표에서 애틀랜타를 기준으로 부동산 유형별 자본환원율을 잘 보여 주고 있다.

▶ 미국 조지아주 부동산 유형별 자본환원율

부동산 유형별 비교

부동산 유형	A등급		B등급	C등급
다세대 주택 (Multifamily)	4.25~5.00%		5.00~5.75%	5.75~6.50%
소매점 (Retail)	5.25~6.25%		6.75~8.25%	8.50~11.00%
사무용 (Office)	5.50~6.50%		7.25~8.25%	8.50~10.00%
산업용 (Industrial)	4.50~5.00%		5.50~6.00%	7.00~8.00%
호텔 (Hotel)		럭셔리	풀서비스	셀렉트 서비스
	도심 (CBD)	6.50~8.00%	7.25~8.50%	7.75~9.00%
	외곽 (Suburban)	7.00~8.25%	7.75~9.00%	8.25~9.50%

출처 : CBRE

2019년 하반기 기준

동일한 시장이지만 부동산의 유형별로 자본환원율이 다르게 적용됨을 볼 수 있다. 표를 보면 다세대 임대주택이 가장 자본환원율이 낮고, 호텔이 가장 높게 적용되었다. 유형별로 다세대 주택-산업용 건물-소매점-사무실 건물-호텔 순으로 자본환원율이 높아진다. 자본환원율이 높아진다는 것은 투자 위험 수치가 높아진다는 것이고, 반면 가격은 낮아진다는 것이다.

넷째, 사회적, 경제적인 환경변화로 인한 부동산 시장의 가격 변동은 자본환원율에 영향을 줄 수 있으며, 자본환원율의 변동에 따라 부동산 시장의 사이클을 읽을 수 있다. 예를 들어 동일 지역에 동일 유형의 자본환원율을 비교했을 때, 최근 삼 년간의 자본환원율이 점차 올라가는 추세면 부동산의 가치가 내려가는 것으로 부동산 시장 사이클에서 공급 과잉이나 침체기로 전환되고 있다고 볼 수 있다. 반대로 자본환원율이 점차 내려가는 추세면 부동산의 가치가 상승하는 것으로, 회복기나 확장기로 전환되고 있다고 볼 수 있다. 이러한 부동산 시장 사이클에 대해서는 9장에서 다루도록 하겠다.

다음은 자본환원율을 통해 부동산을 비교, 분석하는 법을 예를 들어 설명해보겠다.

첫 번째 예로 X 부동산이 있다. 가격은 100만 달러로 10개 유닛으로 된 다세대 주택이며 B등급으로 간주한다. 100% 임대되었으며 큰 수리가 필요하지 않고 좋은 관리 회사가 있다. 부동산의 위치는 인구 유입이 많고 장기적으로 경제가 성장할 수 있는 전망이 있는 지역이다. 한 유닛당 월 임대료는 1,000달러, 월 운영비용은 4,000달러다. 순운영소득은 72,000달러이며, 자본환원율은 7.2%다.

총 월 임대료 : 1만 달러(1,000달러×10유닛)
월 운영지출비 : 4,000달러
월 순운영소득 : 6,000달러(1만 달러-4,000달러)
연간 순운영소득 : 72,000달러(6,000달러×12개월)
자본환원율 : 7.2%(72,000달러/100만 달러)

두 번째 예로, Y 부동산이 있다. 가격은 85만 달러로 15개 유닛으로 된 다세대 주택이며, C등급으로 간주한다. 하지만 A와 B등급 근처에 있어 개선을 통해 임대료를 인상할 가능성이 있다. 한 유닛당 월 임대료는 600달러, 월 운영지출비용은 3,000달러다. 순운영소득은 72,000달러로 자본환원율은 8.5%다.

총 월 임대료 : 9,000달러(600달러×15유닛)
월 운영지출비 : 3,000달러
월 순운영소득 : 6,000달러(9,000달러-3,000달러)
연간 순운영소득 : 72,000달러(6,000달러×12개월)
자본환원율 : 8.5%(72,000달러/85만 달러)

이 부동산의 개선비용으로 15만 달러(1만 달러×15유닛)를 지출하고, 각 유닛의 월세를 600달러에서 800달러로 인상했다. 그리고 월 운영비용이 3,500달러가 되었다.

총 월 임대료 : 12,000달러(800달러×15유닛)
월 운영지출비용 : 3,500달러
월 순운영소득 : 8,500달러(12,000달러-3,500달러)
연간 순운영소득 : 102,000달러(8,500달러×12개월)
자본환원율 : 10%(102,000달러/85만 달러+15만 달러)

여기서 투자자에게는 2가지의 선택지가 있다.

첫째, 매각을 선택할 수 있다. 자본환원율 7.5%로 재판매한다면 새로운 가치인 136만 달러(102,000달러/0.075)를 창출할 수 있다. 개선을 위해 지급한 15만 달러와 부동산 구매가인 85만 달러를 더하면 총비용은 100만 달러로 이때 순이익은 36만 달러가 된다(136만 달러-100만 달러).

자본 환원율을 7%로 재판매할 때는 새로운 가치인 145만7,142달러(102,000달러/7%)로 재판매를 하는 경우다. 이때의 순이익은 457,142달러가 된다.

둘째, 해당 부동산을 계속 임대할 경우다. 자본환원율 10%
(102,000달러/100만 달러 = 매입가 85만 달러 + 개선비용 15만 달러)로 계속 임대
하는 경우다. 임대료 인상의 위험 부담이 첫 번째 옵션인 재판매보
다 더 클 수는 있지만, 좀 더 좋은 사업 이익을 노릴 수 있다. 즉, 동일
한 100만 달러를 투자해 훨씬 더 높은 수익률을 얻을 수 있다.

앞에서 언급한 X 부동산과 Y 부동산 중 어느 부동산을 매입하
는 것이 더 좋을까?

X 부동산은 보다 안정적이고 수동적인 투자자에게 적당할 수 있
다. 그리고 좋은 위치와 미래 전망으로 인해 시간의 흐름에 따라 그
가치는 더욱 향상될 수 있다.

Y 부동산은 보다 전문적이고 경험이 많은 투자자에게 적당할 수
있다. 모든 것이 순조롭게 진행되면 잠재적인 수익이 더 커진다. 그러
나 손실의 소지도 있다.

둘 중 어떤 선택이 더 좋은지는 투자자의 기준과 선호도에 따라
다르지만, 전문적 투자 지식과 풍부한 경험이 있는 투자자들은 Y 부
동산을 선택하여 무한한 현금흐름의 가능성과 자산가치 상승으로
인한 자본이익을 극대화하는 경우가 많다.

또한, 앞서 설명한 예시에서 중요한 부분은 바로 순운영소득이
다. 더 높은 수익을 위해서도, 부동산 자산의 가치 증가를 위해서도

중요하게 작용히는 부분이 바로 순운영소득을 올리는 것이라는 것을 알 수 있다.

앞서 살펴본 자본환원율의 속성을 요약하자면, 자본환원율은 투자 위험을 알 수 있는 잣대라고 볼 수 있다. 높은 자본이익을 예상하는 부동산은, 운영소득이 낮더라도 투자가치가 있으며, 적은 자본이익이 예상되는 부동산은, 운영소득이 높아야 투자가치를 가지는 것이다.

다음은 미국 부동산 투자 핵심원리 중 수동소득과 현금흐름을 이해할 수 있는 투자수익률에 대해서 알아보자.

똘똘한 한 채를 찾아내는 방법,

투자수익률

미국 부동산의 ABCD 매트릭스에서 C, 즉, 현금흐름을 계산하기 위해서 알아야 하는 것이 투자수익률(ROI: Return on Investment)이다. 투자 옵션의 범위를 좁힌 후에 투자수익률 공식을 사용하여 투자할 부동산에 대한 수익을 계산할 수 있다.

투자수익률은 가장 보편적인 투자수익 지표 중의 하나로 총 순수입을 총투자비와 비교함으로써 투자수익을 평가하는 방법이다. 또한 특정 기간의 투자에 대한 수익률이 얼마인지 알려 주는 투자수익 지표이기도 하다.

자본환원율 계산과 달리, 투자수익률은 부채 상환액과 자산을 구매하는 데 사용한 금액으로 계산한다. 즉, 투자수익률은 임대용 부동산의 운영비용과 부채상환금액을 지급한 후 생성되는 연간 현금흐름을 총투자금액으로 나누어 계산하는 것이다.

투자수익률 = 연간 현금흐름 / 총투자금액

위의 공식은 간단하지만. 투자수익률 수치에 영향을 미칠 수 있는 여러 변수가 있다. 여기에는 수리 및 유지 관리비용, 초기 투자를 위해 빌린 부채상환금액이 포함된다.

a) 먼저, 현금으로 부동산을 매입하는 경우의 투자수익률 계산은 간단하다. 현금으로 사들인 임대 부동산의 투자수익률을 예로 들어보겠다. 임대용 부동산을 현금 30만 달러에 매입했다. 클로징 비용으로 2,000달러를 지급했다고 가정하면, 총투자금액으로 302,000달러를 투입했으며 매달 2,000달러의 임대료를 받을 수 있다.

1년 후: 12개월 동안 임대소득으로 24,000달러를 벌었다. 재산세 및 보험을 포함한 비용은 한해 총 3,600달러였다. 연간 현금흐름은 20,400달러(24,000달러–3,600달러)다. 여기서 매입한 임대용 부동산의 투자수익률을 계산하면, 7%가 됨(현금흐름 20,400달러/총투자 금액

302,000달러)을 확인할 수 있다.

b) 하지만 부채를 활용하여 임대용 부동산을 매입한 경우엔 투자수익률 계산이 조금 복잡해진다. 예를 들어 위와 똑같이 30만 달러의 임대 부동산을 매입했지만, 모기지 론을 받았다고 가정한다. 부동산 매입 가격의 25%인 다운페이먼트 75,000달러를 본인 자금으로 지급하고, 은행에서 모기지 론을 받아 나머지 75%인 225,000달러를 충당했다. 그 위에 클로징 비용 7,000달러를 지급하고 나니, 본인의 총투자금액은 82,000달러가 되었다. 그리고 이 부동산으로 달마다 2,000달러의 임대료를 받는다.

모기지 론 225,000달러를 3%의 30년 고정 이자로 받았을 때, 월 할부금과 이자는 948달러가 되며, 세금과 보험료로 위의 사례와 동일하게 월 300달러 추가하여 월간 총운영비용은 1,248달러가 된다. 월 2,000달러의 임대소득은 연간 총 24,000달러, 월간 현금흐름은 752달러(임대료 2,000달러 - 총운영비용 1,248달러)로, 연간 현금흐름은 9,024달러가 된다. 본인의 총투자금액으로 82,000달러가 들었다.

1년 후: 월 2,000달러의 임대소득으로 12개월 동안 24,000달러를 벌었다. 월 현금흐름은 752달러, 연간 현금흐름은 9,024달러가 된다. 여기서 이 임대용 부동산의 투자수익률을 계산하면 현금흐름

9.024달러/총투자금액 82,000달러, 즉, 11%가 됨을 확인할 수 있다.

그렇다면, 30만 달러짜리의 이 임대용 부동산에 다운페이먼트를 15%나 10%로 설정했을 경우의 투자수익률을 비교해보자. 다른 조건이 모두 동일하다고 가정했을 때 15% 다운페이먼트의 경우 연간 현금흐름은 7,500달러, 총 본인 투자금액은 5만2,000달러가 된다. 따라서 투자수익률은 14%가 된다. 10% 다운페이먼트의 경우는 연간 현금흐름은 6,744달러, 본인 총투자금액은 3만7,000달러가 된다. 그래서 투자수익률은 18%다.

앞에서 설명한 본인 투자금액에 따른 투자수익률을 간추려 보면 다음과 같이 요약할 수 있다.

본인 자금 100% - 투자수익률 : 7%

본인 자금 25% - 투자수익률 : 11%

본인 자금 15% - 투자수익률 : 14%

본인 자금 10% - 투자수익률 : 18%

여기서 한 가지 중요한 사실은 매월 상환되는 대출 상환금에서 원금이 상환되어 쌓이는 순자산 금액을 연간 수익에 추가할 수도 있다는 것이다.

위의 예시에서 대출에 대한 상환 금액을 1년이라는 기간으로 환산해 보면, 25% 다운페이먼트에 75% 모기지 론을 받는 경우는 처음 12개월 동안 총 4,698달러의 원금을 상환했고, 15% 다운페이먼트에 85% 모기지 론을 받는 경우 5.324달러, 10% 다운페이먼트에 90% 모기지 론의 경우, 5,638달러의 원금을 상환했다. <아래의 표 참조>

▶ 모기지 론 분할 상환 일정(Amortization Schedule)

• 다운페이먼트: 25%

월	월 상환 금액	원금 상환액	이자 금액	대출 잔액
1	$948.61	$386.11	$562.50	$224,613.89
2	$948.61	$387.08	$561.53	$224,226.81
3	$948.61	$388.04	$560.57	$223,838.77
4	$948.61	$389.01	$559.60	$223,449.76
5	$948.61	$389.99	$558.62	$223,059.77
6	$948.61	$390.96	$557.65	$222,668.81
7	$948.61	$391.94	$556.67	$222,276.87
8	$948.61	$392.92	$555.69	$221,883.95
9	$948.61	$393.90	$554.71	$221,490.05
10	$948.61	$394.88	$553.73	$221,095.17
11	$948.61	$395.87	$552.74	$220,699.30
12	$948.61	$396.86	$551.75	$220,302.44

월	월 상환 금액	원금 상환액	이자 금액	대출 잔액
1	$1,075.09	$437.59	$637.50	$254,562.41
2	$1,075.09	$438.68	$636.41	$254,123.73
⋮				
12	$1,075.09	$449.78	$625.31	$249,676.12

◉ 다운페이먼트: 10%

월	월 상환 금액	원금 상환액	이자 금액	대출 잔액
1	$1,138.33	$463.33	$675.00	$269,536.67
2	$1,138.33	$464.49	$673.84	$269,072.18
⋮				
12	$1,138.33	$476.23	$662.10	$264,362.96

앞서 요약한 본인 투자 자본을 기준으로 한 투자수익률에서, 융자 대출금 상환 과정에서 원금을 갚으며 축적하는 연간 순자산 금액을 연간 현금흐름으로 추가할 수 있다.

예를 들어, 앞에서 설명한 30만 달러의 임대용 부동산 구매에서 25% 나운페이먼트와 75%의 모기지 론으로 구매한 임대용 부동산의 투자수익률을 계산해보자. 연간 현금흐름 9,024달러에 12개월 동안 상환된 원금 4,698달러를 더하면, 연간 현금흐름이 13,722달러가 된다. 이 연간 현금흐름을 총투자금액인 82,000달러로 나누면 투자

수익률은 16%가 된다. 이렇게 상환금을 포함하면 투자수익률은 위에서 정리한 내용과 달리 다음과 같이 바뀐다.

> 본인 자금 25% - 투자수익률 : 11~16%
> 본인 자금 15% - 투자수익률 : 14~24%
> 본인 자금 10% - 투자수익률 : 18~33%

투자수익률을 계산할 때는 수리 또는 유지·관리 비용과 같은 추가 비용이 계산에 포함되어야 하며 이는 궁극적으로 투자수익률에 영향을 미친다. 또한, 공실이 있을 경우도 고려해야 하며, 구매할 때 자기자본의 비율에 따라서도 크게 달라질 수 있다.

일반적으로 부동산을 매입할 때 다운페이먼트로 지불하는 현금이 적을수록 융자 대출 금액은 커지고 투자수익률은 높아진다. 반대로, 더 많은 현금을 다운페이먼트로 내면서 더 적게 대출을 받을수록 초기 비용이 더 많이 들어서 투자수익률이 낮아진다. 즉, 부채를 활용할 경우 초기 투자금이 적기 때문에 투자수익률을 높일 수 있다.

따라서, 투자수익률 극대화에 중점을 둔 투자자의 경우에는 연간 현금흐름이 더 낮더라도 초기 투자금을 최대한 줄여서 좋은 투자수익률을 가져가는 것도 고려해볼 수 있다. 그러나 임대용 부동산에 투자할 때는 너무 많은 부채를 사용하지 않는 것이 좋다. 예기치 못한 비용이 발생하거나 공실의 여지도 감안해 안전한 현금흐름을 염두에 두는 것이 바람직하기 때문이다.

여기서, 알아둬야 할 중요한 사실이 있다. 미국 부동산 투자수익을 분석할 경우 투자자의 현금투자 대비 현금 환원수익을 말할 때 '현금수익률(Cash On Cash)'을 언급하기도 한다. 현금수익률은 투자수익률과는 좀 다른 개념이다. 현금수익률은 연간 순운영소득에서 부동산을 매입할 때 투자한 현금을 나눈 값이고 투자수익률은 연간 순운영소득에서 연간 부채상환금을 뺀 연간 현금흐름에서 부동산 매입 시 들어간 현금 투자금을 나눈 값이라고 볼 수 있다.

앞에서 설명한 부채를 활용한 경우에서 25%를 다운페이먼트로 내고 75%를 대출받았을 경우를 예로 들어, 현금수익률과 투자수익률을 비교해보자. 연 총수입 24,000달러(1,200달러×12개월)에서 연 총지출 3,600달러(300달러×12개월)를 빼면 연간 순운영소득은 20,400달러다. 여기서 부동산을 매입할 때 투자한 현금 82,000달러를 나누면 현금수익률은 24.9%가 된다.

투자수익률은 연간 순운영소득 20,400달러에서 부채상환금

11,376달러(948달러×12개월)를 뺀 연간 현금흐름 9,024달러를 총투자금액인 82,000달러로 나누면 투자수익률은 11%가 된다.

그럼, 연간 현금흐름을 계산하는 법을 기억하기 쉽도록 도식화해보자.

연간 현금흐름 = 순운영소득(총수입 − 총지출) − 부채상환금

이 공식은 앞으로 미국 부동산 투자 핵심원리를 배우고 실제 미국 부동산 투자를 하게 되었을 때 많이 사용되는 공식이니 꼭 기억하길 바란다. 다음은 부채를 활용한 레버리지 효과를 극대화하기 위해서 알아야 하는 부채상환비율에 대해서 알아보자.

슬기로운 부채 활용,
부채상환비율

미국 부동산 매트릭스인 ABCD 매트릭스에서 D, 즉, 부채를 현명하게 활용하기 위해 알아야 하는 것이 부채상환비율(DSCR; Debt Service Coverage Ratio)이다. 부채상환비율을 이해해야 현금흐름을 기준으로 부채를 활용한 레버리지 효과를 극대화할 수 있다.

● 부채상환비율이란 무엇일까?

부채상환비율은 임대용 부동산에서 자산이 창출하는 순운영소득에 비해 대출 원금을 상환할 수 있는 차용인의 능력을 측정하는 지표다. 즉, 자산 소득을 상환해야 하는 부채와 비교하는 지표다.

부채상환비율은 임대용 부동산이 대출금을 상환하기에 얼마나 충분한 소득을 창출하고 있는가를 나타낸다. 부채상환비율이 1보다 큰 임대용 부동산은 수익성이 있는 것으로 보고, 1 미만인 임대용 부동산은 손실을 보는 것으로 간주하며, 이는 자산의 잠재적 가치와 현금흐름을 결정하는 방법의 하나다.

또 부채상환비율은 주택담보대출비율(LTV; Loan To Value Ratio)과 함께 은행과 같은 대출 기관이 상업용, 임대용 부동산에 얼마나 대출해줄지 결정할 때 의사 결정 과정의 필수 요소다. 또 부동산 투자자가 새로운 대출을 신청하거나 기존 융자를 재융자할 때도 최대 대출 금액을 결정하기 위해 부채상환비율을 하나의 측정값으로 사용한다.

일반적으로 부동산의 부채상환비율이 비정상적으로 낮으면 대출을 제때 갚기 어렵다. 이것이 은행 같은 대출 기관의 대다수가 최소 1.15~1.25의 부채상환비율을 요구하는 이유다. 일반적으로 LTV가 더 낮은 대출을 가진 부동산은 부채상환비율이 더 낮은 조건으로 융자 대출 승인을 받을 수 있다.

또한 더 안전한 부동산 유형은 더 낮은 부채상환비율로 대출을 받을 수 있다. 예를 들어, 호텔과 같은 위험한 부동산 유형은 자금을 확보하기 위해 1.30~1.50의 부채상환비율이 필요할 수 있지만, 아파트 등의 전통적인 거주용 임대 부동산 또는 앵커 세입자가 있는 쇼핑센터 같은 상업용 부동산은 부채상환비율이 1.20일 수도 있다. 부채상환비율을 어떻게 계산할까? 부채상환비율을 계산하는 공식은 간단하다. 임대용 부동산의 부채상환비율은 임대용 부동산의 연간 순운영소득을 연간 부채 상환액으로 나누어 계산한다.

부채상환비율 = 순운영소득 / 부채 상환액

예를 들어, 임대 부동산에서 연간 순운영소득이 65,000달러고 연간 부채상환액(원금 및 이자)이 47,000달러인 경우 부채상환비율은 1.38이 된다(65,000달러/47,000달러). 부채상환비율이 1.38이라는 말은 연간 부채 상환에 필요한 것보다 많은 순운영소득이 있음을 의미하고, 0.97이라면 부채상환비율은 연간 갚아야 할 부채의 97%밖에 상환할 수 없다는 것이다.

순운영소득은 부채상환비율에 상당한 영향을 미친다. 그러니까, 순운영소득은 투자자가 얻을 수 있는 대출 금액 및 부채 상환에 사용할 수 있는 소득 금액에 상당한 영향을 미치기 때문에 정확하게 계산해야 한다. 만약 순운영소득이 실제보다 높게 나오면 부채 상환에 사용할 수 있는 소득이 과대평가될 수도 있고, 실제보다 낮게 나오면 부채 상환에 사용할 수 있는 소득이 과소평가될 수도 있다. 임대 부동산의 소득을 정확하게 결정하려면 모든 잠재적 소득을 더한 다음 공실률을 빼고 각종 운영비용을 빼야 한다.

다세대 임대 부동산의 경우 잠재적 임대소득에는 세입자가 지급하는 월 임대료와 애완동물 임대료, 세입자에게 청구되는 유틸리티 및 가전제품 임대료와 같은 '추가' 임대소득이 포함된다.

잠재적 임대소득은 임대용 부동산이 임대 기간 동안 100% 점유되었다고 가정한다. 그러나 대부분의 임대 부동산은 처음부터 비어 있거나, 세입자가 바뀌는 기간처럼 불가피한 공실 기간이 있기에 현실적이지 않을 수 있다. 일부 투자자는 5~10%의 공실률을 사용하기도 하지만 임의로 공실률을 선택하면 과대 혹은 과소 평가된 순운영소득이 계산될 수 있다. 구매하려는 임대용 부동산의 공실 기록을 참고하기 위해서는 현재 같은 이웃이나 지역에서 유사한 임대용 부동산을 관리하는 부동산 관리자와 상담하여 같은 지역 내 유사한 부동산의 공실률을 참고하는 것이 좋다.

예를 들어, 임대용 부동산의 연간 총운영소득이 125,000달러고 연간 총운영비용이 연간 6만 달러라고 하면, 순운영소득은 65,000달러다. 투자자가 은행에 융자를 신청하고 연간 부채 상환액

이자)이 47,000달러인 경우, 부채상환비율은 순운영소득 65,000달러/부채 상환액 47,000달러=1.38이 된다.

대출 기관들은 임대용 부동산의 순운영소득이 실제로 부채를 상환하는 데 필요한 것보다 더 많아야 한다고 요구한다. 우리는 위의 예에서 그것을 짐작할 수 있다. 그럼 부동산 투자자가 부채상환비율을 사용하는 방법에 대해 알아보자.

D 투자자가 150만 달러의 가격으로 시장에 나온 임대 부동산의 매입을 고려하고 있다고 가정한다. 그는 매입하기 전에 대출 기관에 연락하여 그들이 요구하는 부채상환비율을 알아보았고 1.40의 부채상환비율을 요구한다는 사실을 알게 되었다. 이 임대용 부동산이 75,000달러의 순운영소득을 창출하는 경우, D 투자자는 부채상환비율 공식을 사용하여 대출 기관이 허용하는 연간 부채 상환액과 부동산 구매에 필요한 본인 투자금을 아래의 공식으로 계산할 수 있다.

부채상환비율 = 순운영소득 / 연간 부채상환액

연간 부채상한액 = 순운영소득 / 부채상환비율

자, D 투자자의 경우, 위의 공식을 이용해서 최대로 허용되는 부채 상환액을 계산해보면, 원금과 이자를 아우르는 연간 부채 상환액이 53,571달러(순 운영소득 75,000달러/부채상환비율 1.40)가 된다.

대출 기관과 상담한 후 D 투자자는 1.40의 부채상환비율에 대한 그들의 요구 사항을 충족하기 위해서는 150만 달러의 임대 부동산을 매입할 때, 30%의 본인 투자금이 필요하다는 것을 알게 된다. 30년 고정 기간으로 3%의 이자를 적용할 경우다.

D 투자자는 다운페이먼트로 사용할 45만 달러의 현금을 확보했고, 은행의 부채상환비율 요구 사항을 충족하는 조건으로 105만 달러의 대출을 받아 임대용 부동산을 매입할 수 있었다.

그렇다면 부동산 투자에 있어 부채상환비율이 얼마 정도면 좋은 비율이라고 볼 수 있을까? 딱히 어느 정도가 좋다는 기준은 없지만, 많은 대출 기관과 보수적인 부동산 투자자는 최소 1.25를 좋은 부채상환비율로 간주한다. 이는 부동산의 운영비용과 대출금의 연간 원금 상환과 이자 지급에 필요한 것보다 25% 더 많은 현금흐름이 있어야 함을 의미한다.

부채상환비율이 낮을수록 장기간의 공실이나 예상치 못한 운영비용이 발생하면 투자자가 대출금을 상환하기 위해 자기 호주머니를 털어야 하므로 위험 부담이 커진다.

이러한 부채상환비율은 시간이 지남에 따라 바뀔 수 있다. 왜 그 럴까? 임대 부동산에 대한 융자 대출이 고정 이자율이라고 가정할 때 순운영소득은 해마다 증가하거나 감소할 수 있지만. 연간 부채 상 환액은 일반적으로 같은 수준으로 유지되기 때문이다.

예를 들어, 임대용 부동산의 임대료가 연 인플레이션율을 고려 해 연간 3%씩 증가하도록 계약을 맺고 연간 운영비용이 일정하다 면, 순운영소득이 연간 3%씩 증가하리라고 예측할 수 있다. 그런 경 우 5년의 보유 기간 내 부채상환비율의 변경 사항은 다음과 같다.

▶ 시간의 흐름에 따라 변하는 부채상환비율

연 3% 증가하는 임대수입

연도	NOI	부채상환 Debt Service	부채상환비율 DSCR
1	$65,000	$47,000	1.38
2	$66,950	$47,000	1.42
3	$68,958	$47,000	1.47
4	$71,026	$47,000	1.51
5	$73,156	$47,000	1.56

위의 도표를 보면, 인플레이션율을 고려한 임대료 상승과 더불 어 기타 총 연간 운영소득의 증가와 운영비용 감소로 순운영소득은 해마다 증가할 수 있다. 물론 예상대로 순운영소득이 증가하지 못할

경우는 부채상환비율도 시간의 흐름에 따라 감소할 수 있다. 그러나 대출 이자는 고정되어 있고 기간도 장기로 고정되는 경우가 대부분이라, 연 부채 상환액은 변하지 않는다.

부채상환비율이 증가하는 것은 임대 부동산을 재융자할 때가 되었다는 신호이기도 하다. 부채상환비율이 높을수록 부채 상환에 사용할 수 있는 현금흐름과 순자산이 증가하고 있음을 나타내기 때문이다

이상으로 ABCD 매트릭스의 D 혹은 부채 면에서 부채를 현명하게 활용하기 위해 꼭 알아둬야 할 부채상환비율을 풀어봤다.

미국 부동산 투자수익을 계산할 때 꼭 기억해야 하는 투자수익률에 관련된 주요 공식을 다시 정리해보자.

◉ 자산가치 상승 면에서:
자본환원율 = 순운영소득 / 부동산 가격
순운영소득 = 총수입 - 총지출

◉ 현금흐름 면에서:
투자수익률 = 연간 현금흐름 / 투자 금액

연간 현금흐름 = 순운영소득 - 연간 부채 상환액

연간 현금수익률 = 순운영소득 / 투자 금액

◉ **부채 면에서:**

부채상환비율 = 순운영소득 / 연간 부채 상환액

위 공식들에서 찾아볼 수 있듯이 미국 부동산 ABCD 매트릭스에서 투자 수익성을 계산할 때 주로 등장하고 기준이 되는 것이 바로 순운영소득이다. 이 순운영소득은 미국 부동산 ABCD 매트릭스에서 투자 수익성을 계산할 때 A 자산가치 상승 측면, C 현금흐름 측면, D 부채 측면 등 모든 측면에서 작동한다. 그러니 꼭 기억하기 바란다.

미국 부동산 투자를 하는 과정에서 앞에서 설명한 투자수익 공식들을 사용할 것이다. 먼저 자본환원율 공식을 사용하여 투자 옵션의 범위를 좁힌 다음, 투자수익률 공식을 사용하여 투자할 부동산의 수익성을 계산하고, 실제 투자금과 투자 출구 전략을 위해서는 부채상환비율을 따져봐야 할 것이다.

미국 부동산이 답이다

8장

미국 부동산 가격,
어떻게 결정되나?

미국 부동산을 고려하는 투자자들이 가장 궁금해하는 부분은 바로 투자하고자 하는 부동산의 가격일 것이다. 어떤 식으로 미국 부동산 가격이 결정되는지 알아야 현명한 투자를 결정하는 데 도움이 될 것이다. 8장에서는 미국 부동산 가격 측정의 3가지 방법과 같은 부동산의 가격이 왜 제각각 다른지 알아보도록 하겠다.

01
미국 부동산 가격 결정의
3가지 방법

대부분의 부동산 투자자들이 부동산을 팔거나 살 때 많이 궁금해하는 것이 바로 부동산에 대한 감정가나 시장 가격이다. 부동산의 가격은 비슷한 부동산의 최근 매매기록을 기준으로 측정되기도 하며, 부동산 공급 원가를 기준으로 산정되기도 하며, 미래에 발생할 수익을 기초로 가격을 산출하기도 한다. 그럼 미국 부동산 가격을 결정하는 3가지 방법을 정리해보자.

1. 유사매매사례 비교법(Sales Approach or Sales Comparison Approach)

유사매매사례 비교법은 최근에 거래된 유사매매사례를 비교 분석해 그 결과를 중심으로 가격을 산정하는 방법이다. 감정사가 실제 부동산을 평가할 때는 유사 부동산(comparable properties)의 매매 가격으로부터 여러 가지 요소를 비교하여 금액을 더하거나 빼는 조정 과정을 거치게 되며, 이러한 과정을 거쳐 최종 조정가격(Final Adjusted Sale Price)을 얻게 된다. 감정사는 이러한 최종 조정 가격을 수정하고 정리하여 최종 평가금액(Indicated Value)을 산정한다.

유사매매사례 비교법을 이용하는 가격 산정 과정을 요약하면 다음과 같다.

① 시장에서 비교 대상 부동산을 검색하고 여러 가지 정보를 조사한다.
② 정확한 순서에 따라 여러 요소를 비교하고 조정한다.
③ 최종 조정가격을 계산하고 재수정한다.
④ 최종 평가금액이 산정된다.

이렇게 산정된 가격은 시장의 현재 가격 상태를 그대로 반영할 수 있다는 장점이 있어서 가격 산정을 위한 정확한 자료로서 근거가 되며, 공급자나 수요자가 수용할 수 있는 가격이 된다는 장점이 있다. 그러나 현재 전체적인 시장 가격이 낮다면, 산정가격이 원가보다 낮아서 매도인에게 손실이 발생할 수 있고, 시장 가격이 높다면 반대로 너무 과도한 이익이 발생할 수 있다.

유사매매사례 비교법은 비교할 수 있는 유사한 지역과 유사한 부동산이 존재해야만 한다. 똑같은 부동산이 존재하는 것은 불가능하지만, 유사한 경우는 많다. 이러한 유사성의 기본 요소는 부동산의 특성이나 유형, 상태, 위치, 편익조건 등이 될 수 있다.

2. 원가법(Cost Approach)

원가법은 기본적으로 신규 건물의 가치를 산정하는 것이다. 신규 건물의 가치는 건물의 재생산 비용(Reproduction Cost)에서 시작한다. 신규 건물이 아닐 경우 감정사는 현재의 재생산 비용으로부터 그동안의 기간에 발생한 감가상각비를 공제한 후 건물 가격을 산정하고 거기에 토지 가치를 별도로 계산하여 더하면 토지를 포함한 건물의 전체 가치가 산정된다.

다음은 원가법에 의한 가격 산정 공식이다.

가격 = 재생산 비용 - 감가상각비 + 예상 토지가격

원가법을 잘 이해하고 활용하기 위해서는 두 가지 원가 개념인 '재생산 비용'과 '대체 비용'을 구분할 필요가 있다. 재생산 비용이 과거에 지어진 건물의 세부 사항 그대로를 복제하는 비용이라면, 대체 비용은 동일한 효용(Equal Utility)이나 동일한 만족을 주는 대체 건물을 짓는데 필요한 비용을 가리킨다. 결과적으로 대체 비용이 좀 더 흔히 사용되고 있다.

원가법을 적용할 때 반드시 알아야 하는 개념은 감가상각 누계액(Accrued Depreciation)이다. 이는 건물이 노화하면서 발생하는 물리적 가치 하락, 생활 방식이나 건물의 디자인이나 트렌드가 바뀌어 신규 건물보다 기능이 떨어지는 기능적 노후화, 외부 요인에 의해 발생하는 외부적 노후화 등의 누적을 금액으로 환산한 것이다.

a) 물리적 가치 하락

건물을 구성하는 자산들은 단기 자산과 장기 자산으로 구분할 수 있다. 단기 자산은 건물 자체의 수명보다 더 짧은 수명을 가지는 페인트, 카펫, 전기설비, 냉난방 설비 등이며, 장기 자산은 기초, 벽, 지붕과 같이 건물 자체를 이루고 있는 자산들이다. 단기 자산은 주로 고쳐서(개선해서) 자산가치를 높일 수 있지만, 장기 자산은 수리 비용이 건물 가치보다 더 많이 소모되어 수리할 수 없는 경우조차 있다. 그러나 이러한 물리적인 부분은 대체로 수리나 개선을 통해 가치를 상승시킬 수 있다.

b) 기능적 노후화

신규 건물들은 새로운 재료, 기술, 디자인을 사용해서 기존 건물들보다 높은 경쟁력을 누리게 되며, 기존 건물은 선호도가 떨어지고 가치가 하락하게 된다. 신규 건물들의 더 고급스러운 자재나 시설 등을 겸비한 구조나 건축 디자인은 결국은 기존 건물의 기능적 노후화로 간주되어 가치 평가에 반영된다. 고칠 수 있는 부분도 있으나 대부분은 고치기 힘들다.

c) 외부적 노후화

외부적 노후화는 부동산의 외부 요인 때문에 발생하는 가치 하락을 의미한다. 주변에 공장이나 철도가 생긴다거나, 악취와 소음, 심한 교통 체증과 같은 요인으로 노후화해, 거의 고칠 수 없는 부분들이다.

마지막으로 원가법에서 부동산 공급 원가는 토지 매입 가격, 건설비용, 그리고 부대사업비용 등으로 구성되어 있다. 개발 사업 규모와 성격에 따라 원가 구성이 다르기에 일률적으로 표준화할 수는 없지만, 총 원가 중에서 건설비용이 가장 많이 들고 그다음이 토지 비용이며, 부대사업비용이 가장 낮은 비중을 차지한다.

또 원가 계산은 건설 기간을 포함하여 계산한다. 건축은 오랜 시간이 소요된다는 특징이 있기에, 건설 기간 중의 자금 흐름을 반영해서 계산해야 하며, 기간 내의 물가 상승률과 이자 증가율 등도 반영해야 한다.

3. 수익환원법(Income Approach)

수익환원법은 부동산의 연간 순운영소득을 자본환원율로 나누어 부동산 가치를 추정하는 방법이다. 최근 유사한 부동산의 거래 사례를 직접 참고할 수 있고 1년 동안의 수입만을 고려하기 때문에 감정사들이 선호하는 방법이다. 이와 같은 가치 산정 방법을 공식으로 표현하자면 아래와 같이 될 것이다.

부동산 가치 = 연간 순운영소득 / 자본환원율

예를 들어, 최근에 팔린 유사 부동산의 순운영소득을 판매 금액으로 나눈 자본환원율이 10%라고 하자. 평가하고자 하는 부동산의 순운영소득을 5만 달러로 추정한다면 10%의 자본환원율을 대입해서 그 부동산의 가치를 50만 달러로 산정할 수 있다. 이렇게 다른 투자자가 유사한 부동산에 직접 투자한 사례를 참고하여 부동산 가치를 평가하는 비교적 단순한 이 방법은 시장에서 신뢰할만한 방법으로 인정된다.

또 수익환원법은 미래에 발생할 수익을 기초로 하여 가격을 산출하는 방법이다. 미래에 발생할 수익은 여러 가지가 있을 수 있지만, 주로 임대수입을 기준으로 삼기 때문에 투자용 임대 부동산의 가격 산출 시에도 이용되고 있다.

투자자들은 누구나 자신들의 투자가 더 큰 이익을 창출하기를 원하기 때문에, 투자를 통한 수익 환원이 예금이나 대출 금리보다 더 높기를 기대한다. 부동산이 아닌 다른 데 투자했더라면 어떨까, 하는 기회비용의 측면에서 부동산 투자를 보는 것이다.

예를 들어, A라고 하는 임대용 부동산이 있다. 이 부동산은 매월 임대료로 2,000달러를 받는다고 가정하면 연간 임대수입은 24,000달러다. 시중 예금 금리가 4%, 대출 금리가 4%라고 가정했을 때, 투자자들은 대체로 그보다 높은 수익 환원을 기대해서 6% 정도의 자본환원율을 바랄 것이다. 그 때문에 A 부동산의 가격을 적어도 40만 달러(24,000달러/6%) 정도로 산출할 것이다.

수익환원법에서는 기대되는 예상 임대료를 어떻게 책정할 것인가가 중요하다. 이를 위해선 객관적인 자료가 필수적이다. 따라서 유사매매사례 비교법을 통해 객관적인 자료를 수집해야 한다. 주변의 임대료 수준보다 터무니없이 높거나 낮으면 객관성이 떨어지기 때문이다. 주변에 비교 대상이 없다면, 일반적인 기준으로 가격 측정을 하게 된다. 이때는 공정성을 위해 기회비용의 수준을 은행의 대출금리보다 높게 측정하는 방법이다.

그러나, 이렇게 측정된 가격이 원가법이나 유사매매사례 비교법에 비해 많은 오차를 가져온다면 아무리 수익률이 높더라도 소용이 없다. 시장에서 거래되는 수준과 비슷해야 실제로 적용이 가능한 시장 가격으로 인정될 것이다.

위와 같이 미국 부동산 가격을 결정하는 3가지 방법에 대해 알아보았다.

유사매매사례 비교법과 원가법은 직접적인 부동산의 수익보다는 부동산의 시장가치를 산정하는 방법으로서, 정기적인 수익이 발생하지 않는 비수익용 부동산의 평가에 주로 사용된다. 물론 수익환원법과 같이 수익이 정기적으로 발생하는 임대용 투자 부동산의 평가에도 사용되지만, 수익환원법보다는 사용 비중이 낮은 편이다.

미국에서 가장 일반적인 주거 형태인 거주용 부동산의 가치를 평가하는 경우는 유사매매사례 비교법과 원가법이 가장 많이 사용되고 있으며, 수동소득을 창출하는 임대용 투자 부동산의 가치를 평가하는 경우는 수익환원법을 주로 사용하고 유사매매사례 비교법으로 가치 평가를 마무리한다.

02
비슷하지만 다른 가격,
왜?

같은 부동산인데 가격이 각기 다르게 매겨지는 경우가 있다. 왜 그럴까? 이해를 돕기 위해 부동산의 가격이나 가치를 가리키는 몇 가지 용어를 알아보도록 하자.

첫째, 시장가격(Market Price)이다. 원하는 주택을 사려는 매수인이 지급할 용의가 있는 금액, 그리고 매도인이 받아들이겠다고 결정한 가격을 시장가격이라고 한다. 예를 들면, 35만 달러에 시장에 나온 주택을 매수인들의 경쟁 속에서 어느 매수인이 39만 달러에 오퍼를 했고 매도인이 그 오퍼를 수락한 경우, 39만 달러가 시장가격이 된다. 공급은 적고 수요가 많은 셀러즈 마켓일 경우 시장가격은 자연적으로 올라가며, 반대로 공급은 많고 수요가 적은 바이어즈 마켓에서는 자연스럽게 내려간다.

둘째, 시장가치(Market Value)다. 시장가치는 '가까운 미래의' 가격이라고 볼 수 있다. 시장가치는 현재까지 그 지역에서 유사한 주택 매물이 팔렸거나, 팔리고 있는 경우의 시장가격을 기준으로 매도인이 팔려고 하는 주택의 가격을 예상한 가치라고 볼 수 있다. 예를 들어, 같은 주택 단지에 있는 거의 유사한 어느 주택이 35만 달러에 시장에 나왔는데 39만 달러로 판매된 경우, 그 주택과 비슷한 형태를 가진 다른 주택의 시장가치는 39만 달러라고 예상하는 것이다. 부동산 전문인들이 집을 리스팅할 때 주로 사용하는 비교시장분석(CMA; Comparative Market Analysis) 리포트의 원리와 거의 흡사하다고 볼 수 있다.

또한, 시장이 셀러즈 마켓일 때는 현재 시장가격보다 이러한 시장가치가 더 높아질 가능성이 크며, 반대로 바이어즈 마켓일 때는 현재 시장가격보다 시장가치가 더 낮아질 가능성이 크다. 균형 잡힌 시장일 때는 현재 시장가격과 시장가치가 거의 비슷하다고 볼 수 있다.

셋째, 평가가치(Assessed Value)다. 이는 카운티나 지방 정부에서 재산세를 산정하기 위해서 사용하는 가치로서, 공정한 시장가치(Fair

Market Value)를 기준으로 평가가치를 산정한다. 공정한 시장가치는 네 가지 측면에서 주로 측정된다.

① 유사 매물이 최근에 팔린 가격 기준이다.
② 비교시장분석 방법을 통해 현재 가능한 예상 시장가치 기준이다.
③ 대체비용 즉, 현재를 기준으로 건물을 다시 지을 때 들어가는 산출 비용으로 예상되는 시장가치 기준이다.
④ 전문가의 의견에 의한 시장가치를 기준으로 한다.

따라서, 평가가치 역시 현재의 정확한 시장가격이나 시장가치와는 다소 다르게 나올 수 있어, 재산세를 산정하기 위해 측정되는 평가가치가 현재 시장가치를 완벽하게 대변한다고 볼 수는 없다.

매도인은 이러한 평가가치를 기준으로 하여, 자신의 주택이 시장가치보다 낮게 나왔다고 생각할 수도 있다. 반대로 그 주택을 구매하려는 매수인은 매도인의 주택이 시장가치보나 높게 시상에 나왔다고 볼 수도 있어서, 대립적인 가치의 기준이 되기도 한다.

넷째, 감정가(Appraisal Value)다. 감정가는 매수인이 주택을 구매하기 위해 융자를 받을 때, 은행에서 제삼자인 감정사를 고용해 해당 집의 가치를 측정하여 융자액을 산성하는 데 사용하는 감정평가 가치다. 즉, 은행에서 매수인에게 융자해줄 때는 현재 시장가격이나 시장가치를 기준으로 하지 않고 감정가만을 기준으로 한다.

감정가는 대상 매물과 비슷한 형태를 가지고 있고 최근에 팔린 주택들, 즉, 유사 부동산을 기준으로 대상 매물의 감정가를 가늠한다.

셀러즈 마켓에서는 최근에 팔린 주택을 기준으로 하여 가격이 계속 상승하는 경우에는 주로 감정가가 시장가격보다 적게 나오는 경우가 많고, 바이어즈 마켓일 때는 감정가가 시장가격보다 높게 나오는 경우가 많다. 또한, 감정가를 측정하는 감정사는 융자 은행에 의해 고용된 경우가 많아 감정가에 그리 관대하지는 않다.

이같이 부동산의 가격 산정에 접근하는 방식에 따라, 같은 부류의 부동산들에 각기 다른 가격이 붙게 되는 것이다. 부동산 매매 과정에서는 시장가격 접근법을 써서 유사매매사례 비교법을 통해 시상가격을 산정하는 경우가 많다.

9장

시장이 어떻게
돌아가는지 알아야
고수다!

　미국 부동산 시장에서 알맞은 매매 시기를 알기 위해서는 부동
산 시장 사이클과 금융 사이클을 파악해야 현명하게 결정할 수 있
다. 부동산은 부동의 자산이라 움직이지 않는다. 10년이고, 100년이
고, 1000년이고 항상 그 자리에 그대로 있으며, 그 주위를 사람들이
움직이는 것이다. 이러한 사람들의 움직임으로 인해 인구가 유입되
는 곳이 있는가 하면 인구가 빠지는 곳이 있다.

　부동산의 가치는 바로 이러한 인구의 흐름에 상당한 영향을 받
는다. 왜냐하면, 부동산의 가치는 경제의 기본원리인 수요와 공급의
법칙을 따라, 수요가 많을 때 그 가치가 더 높게 평가될 수 있고 위험
수준이 더 낮을 수 있기 때문이다.

9상에서는 미국 부동산 투자의 매수 시기와 매도 시기를 결정하는 데 중요한 두 개의 사이클, 즉, 인구의 흐름을 파악하는 부동산 시장 사이클과 돈의 흐름을 파악하는 금융 사이클에 대해 생각해보고, 외부환경 변화에 따른 부동산 가격의 움직임을 알아보도록 한다.

01
적절한 매매 시기를 찾자,
부동산 시장 사이클

투자의 기본원리는 싸게 사서 비싸게 파는 것이다. 하지만 우리가 다양한 투자에서 실패하는 주원인은 바로 비싸게 사서 싸게 팔기 때문이다. 투자의 기본원리를 지키기 위해서는 투자의 적정 시기를 예상하고 투자의 매수 시기와 매도 시기를 선별하는 지식이 있어야 한다.

부동산 투자의 적정 시기를 알기 위해서는 반드시 그 시장 사이클을 알아야만 한다. 부동산 시장의 사이클이 어떻게 움직이고 변하는지, 현재 우리가 어떤 사이클에 있는지 이해하지 못한다면, 부동산 투자의 승리자가 될 수 없다. 부동산 시장의 사이클에 대한 지식을 통해서 현명한 투자 결정을 하고 적시에 투자를 시작할 수 있다. 물론 전문경제학자나 부동산 전문가라 하더라도 미래의 부동산 시장의 변화나 투자의 적기를 정확하게 맞출 수는 없다.

부동산 시장은 불완전 경쟁 시장이며, 다른 시장보다 더 주기적이고 순환적인 성격을 지니고 있다. 부동산은 부동의 자산이기 때문에 부동산이 위치한 특정 지역의 경제적, 사회적 환경변화에 따라 그 가치가 달라질 수 있다.

부동산 시장 사이클은 여러 가지 요인과 단위로 구분할 수 있지만 주로 사람들의 움직임과 그에 따른 부동산 수요와 공급의 변동과 관련이 있다. 그럼 가장 기본적이고 중요한 부동산 시장 사이클에 대해 알아보자. 아래의 그림을 보면, 포물선으로 된 순환 사이클을 볼 수 있다.

▶ 부동산 시장 사이클

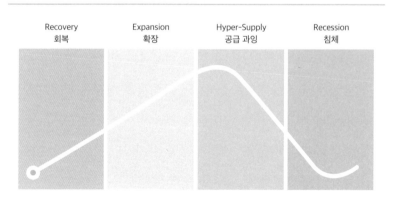

| Recovery 회복 | Expansion 확장 | Hyper-Supply 공급 과잉 | Recession 침체 |

미국 부동산이 답이다

ⓐ 사이클의 첫 번째 단계를 '회복기(Recovery)'라고 한다. 부동산 시장의 '침체기(Recession)'에서 벗어나는 순간이다. 시장이 늦게 개선되기 때문에 긍정적인 효과를 확인하려면 어느 정도 시간이 걸린다. 이 회복단계는 부동산 가격이 낮은 상태를 유지하고 있고, 낮은 임대료, 높은 공실률을 보여 준다. 신규 부동산 개발 역시 시작되지 않는다. 하지만 이 영역의 어느 시점에서는 경제가 개선되고 임대가 증가하며 공실률이 낮아지기 시작한다. 건설 중인 신규 부동산 개발이 없어서 공급량의 부족으로 시장의 재고가 서서히 감소하게 되고, 조만간 수요가 재활성화되면서 부동산 가격과 임대료가 상승하게 된다.

ⓑ 어느 시점에서 수요가 증가하면서, 사이클의 두 번째 단계인 '확장기(Expansion)'로 들어가게 된다. 이 구간에서는 임대 공실률이 계속 떨어지고 공급량도 줄어들면서 임대료와 부동산 가격이 상승한다. 그리고 개발업자들이 신규 부동산 개발을 시작한다. 이 모든 것은 시간이 오래 걸리기 때문에 공급이 수요를 따라갈 수 없어 공급 부족 현상이 발생한다. 시장에서도 공급보다 수요가 많아 가격은 계속 상승한다. 일반적으로 상당히 긴 시간 동안 이 단계에서 머무르게 된다. 공급이 수요를 초과하는 시기를 알 수 없어서 부동산 개발업자들은 계속 신규 부동산을 개발하게 된다.

ⓒ 그런 다음, '공급과잉기(Hyper-Supply)'로 진입한다. 이 단계에서 많은 부동산 개발업자는 잇달아 신규 부동산 개발을 시작하고 일부 개발업자들은 개발을 마치게 된다. 명확한 위험 신호가 없어서 이 단계에서 개발되는 수많은 신규 부동산이 기존 물량에 계속 추가된다. 어느 시점에서 임대율은 다시 낮아지며 부동산 가격 역시 낮아진다. 공급 과잉 단계의 마지막에서는 신규 부동산 개발 수가 줄어든다. 만약, 신규 부동산 개발이 줄어들지 않는다면 이 기간이 길어진다.

ⓓ 공급과잉기 어느 시점에서 사이클의 마지막 단계인 '침체기(Recession)'에 들어가게 된다. 이전 단계에서 건설되기 시작한 마지막 건축물들이 이 단계에서 완료되어 기존 재고에 추가 공급으로 이어지게 되며, 임대료와 부동산 가격은 계속 하락하다 결국은 바닥을 치게 된다. 이 단계에서 가장 낮은 임대율과 부동산 가격이 형성되면서 다시 '회복기'로 들어간다.

이러한 부동산 시장 사이클은 계속 반복된다. 일반적인 경제 사이클은 9~10년을 주기로 하지만, 부동산 시장 사이클은 훨씬 더 긴 15~18년을 주기로 반복한다. 다행인 것은 부동산 시장 침체 기간이 확장 기간보다 훨씬 짧다는 것이다.

이러한 부동산 시장 사이클은 항상 정해진 순서로만 이동하지는 않는다. 때때로 사이클의 전 단계로 되돌아가기도 하고 몇 단계 전으로 되돌아가기도 한다. 이를 '회귀(Regression)'라고 한다. 이런 '회귀' 현상은 수요가 공급보다 빠르게 증가하거나 공급을 초과하는 경우, 또는 공급이 예상보다 적을 때 발생한다. 주로 확장 단계의 끝부분이나 공급 과잉 단계가 시작될 때 자주 발생한다고 한다.

부동산 개발 사업은 완공되기까지 꽤 시간이 걸린다. 부동산 시장 확장 단계에서 공급 과잉 단계로 거쳐 가는 기간이라고 해서 진행 중인 개발 사업을 중단할 수도 없고, 명확한 신호가 없어서 어느 순간 공급 과잉 단계로 접어들면서 신규 부동산 개발 업체들이 어려움을 겪는 경우가 발생할 수 있다.

앞에서 설명한 부동산 시장 사이클은 회복, 확장, 공급 과잉, 침체의 사이클에서 어느 쪽으로든 중단없이 계속 반복된다. 사이클이 진행되다가 다시 사이클의 전 단계나 몇 단계 전으로 되돌아가는 회귀 현상이 발생하기도 하며 이내 정방향으로 전진하기도 한다. 보통 회복기의 어느 시점에서 셀러즈 마켓이 되어 확장기까지 그 상태를 유지하고, 공급 과잉기 어느 시점에서 바이어즈 마켓으로 바뀌어 침체기까지 유지하다 다시 회복기의 어느 시점에서 셀러즈 마켓으로 돌아가게 된다. 이렇듯 부동산 시장의 순환 사이클은 계속 되풀이된다.

이제 부동산 시장 사이클의 원리를 알았으니, 우리가 어떤 단계에 있는지 잘 파악한다면 부동산 투자의 매수 시기와 매도 시기에 대한 합리적인 결정을 내릴 수 있을 것이다. 부동산 매입을 고려할 때 경험과 지식이 많은 투자자는 침체기에서 투자 계획을 세우고 회복기 어느 시점에서 투자 매수 시기를 고려할 것이다. 좀 더 안정적인 투자를 원하는 투자자는 침체기 끝부분이나 회복기 시작 지점에서 투자 계획을 세우고 회복기 끝자락이나 확장기의 어느 시점에서 매수를 고려할 것이다.

그러나 여기서 반드시 고려해야 할 점이 있다. 바로 예상 임대수입이다. 임대용 부동산의 매입이 훌륭한 부동산 투자가 되려면, 임대료에서 부동산 관리비용을 충당할 수 있어야 한다. 부동산의 임차 여부와 관계없이 재산세, 부동산 보험 등과 같은 고정 비용이 발생하며 부동산담보대출이 있을 때는 대출 원금을 조금씩 매월 갚아나가야 한다. 투자자는 이런 모든 비용을 지급하고 나서야 투자 이익을 얻을 수 있다. 그런데 침체기나 회복기에서는 임대료가 인플레이션율보다 낮게 측정되거나, 임대료 상승도 인플레이션율보다 낮게 측정되는 경우가 많아 투자수익 면에서는 그리 좋지 않을 수도 있다는 점을 염두에 두자. 따라서 이런 경우에는 임대료가 인플레이션율보다 높게 측정될 때까지 부동산 운영비용을 감당해야 하며 충분한 자본이 있는 투자자에게는 좋은 구간이라고 볼 수 있다. 그럼 기회의 타이밍은 언제일까?

바로 회복기 끝부분에서 확장기가 시작되는 지점 사이에서 시작해 공급 과잉기 시작 전에 임대용 부동산을 매수한다면 임대료 면에서 최고의 수익을 올릴 수 있다. 보통 그 구간에서 임대료가 인플레이션율보다 훨씬 더 높게 측정이 되며 임대료 역시 인플레이션율보다 훨씬 높게 상승하는 경우가 많아 투자수익 면에서는 아주 좋다. 이러한 임대수입의 증가는 결국은 자산가치를 상승시킨다.

신규 부동산을 개발하려는 투자자는 어떨까? 회복기 끝부분에서 확장기가 시작되는 지점 즈음에 시작하여 공급 과잉 초기 단계까지가 기회의 타이밍이다. 즉, 새로운 부동산 개발을 시작하고 완료해야 하는 사이클 구간으로 가장 좋은 결과를 창출할 수 있는 구간이다.

신규 부동산 개발을 위해서는 주로 은행 대출로 건설 자금을 조달하는 경우가 대부분이다. 침체기나 회복기의 시작점에서 개발할 경우, 은행 측에서는 아직 불안정한 시기기 때문에 대출을 쉽게 해 주지 않을 수 있다. 또 여전히 시장이 불황기여서 달성하기 힘든 사전 분양 판매율을 요구하는 경우가 많아 자금 조달 과정이 힘들 수 있다. 신규 부동산 개발은 긴 시간이 소요되기에 투자자는 반드시 신규 부동산 투자를 진행하는 과정에서도 시시때때로 부동산 시장 사이클을 주시하면서 개발 프로젝트를 적시에 완공하여 임대나 분양을 정해진 짧은 구간에서 완료해야 할 것이다. 그럼 적절한 매도 시기는 언제일까? 이미 모두 알고 있을 것이다. 바로 확장기 끝부분이나 공급 과잉기 시작 부분이 될 것이다.

이상으로, 부동산 투자에서 적절한 투자 시기를 알기 위해 부동산 시장 사이클을 알아보았다. 이는 부동산 시장 사이클에서 사람들의 움직임을 파악하고 거기에 따른 부동산 수요와 공급의 변동과 그로 인한 부동산 시장 사이클의 변화 과정을 요약한 것이다. 부동산은 움직이지 않는 자산이라 사람들의 움직임에 의해 영향을 많이 받는다. 다음은 돈의 흐름을 파악하는 금융 사이클을 알아보도록 하자.

부동산의 또 다른 변수, 금융 사이클

부동산 시장은 수요와 공급에 의한 변동뿐만 아니라 시장에 진입하거나 물러나는 자본의 양에도 영향을 받는다. 이를 금융 사이클이라 하며, 이를 통해 부동산 시장에서 돈의 흐름을 파악할 수 있다. 이러한 금융 사이클은 크게는 네 가지, 때로는 다섯 가지 단계로 구분된다. 또 이런 금융 사이클은 사회, 경제적인 요인들의 변화와 밀접한 관계가 있다.

먼저, 아래의 금융 사이클 그래프를 통해 단계별 특징을 알아보도록 하자.

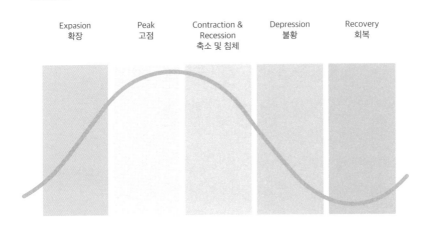

| Expasion 확장 | Peak 고점 | Contraction & Recession 축소 및 침체 | Depression 불황 | Recovery 회복 |

a) 사이클의 첫 부분은 확장기(Expansion)로, 생산량과 고용이 증가한다. 시장의 수요, 자본 지출, 판매가 증가하고 이에 따라 소득과 이익이 증가한다. 그리고 생산 수준은 최대가 된다. 자발적 실업을 제외하고 실업률은 거의 0에 가까운 완전 고용 수준이다. 이 단계에서 생산 가격과 비용은 다소 빠른 속도로 증가한다. 금리가 낮은 경향이 있으며 인플레이션이 발생하기도 한다.

b) 둘째는 고점(Peak)으로 생산량은 최대이고 실업률은 기본적으로 제로, 완전 고용 수준이다. 이는 소비재 가격 상승으로도 이어진다. 그렇다고 소득이 물가상승에 비례해서 증가하지는 않는다. 따라서 소비자는 지출을 검토하고 소비를 줄이게 되며 시장의 수요는 정

체될 수 있다. 이것은 확장기의 끝을 의미한다. 경제 성장은 단기간에 정점에서 안정된다.

c) 셋째 단계는 축소 및 침체기(Contraction & Recession)로, 수요가 정체되어 있고 곧 수요가 경제의 특정 부분에서 떨어지기 시작한다. 이 수요 감소가 확장기의 반대인 축소, 침체기의 시작을 나타낸다. 투자 수준과 고용 수준도 수요와 함께 줄어든다. 생산자나 투자자가 이러한 경제의 변화를 인식하면서 투자 철회, 운영 축소, 상품과 노동 주문의 취소 등을 시작한다. 이 전환점에서 상품 가격도 하락한다. 소득 수준이 감소하여 소비자 지출도 감소한다. 모든 부문에서 경제 활동이 위축된다.

d) 넷째, 불황기(Depression)가 온다. 경기 순환의 가장 낮은 단계다. 심각한 형태의 경기 침체로 이 단계에서 경제의 마이너스 성장을 볼 수 있다. 수요는 계속 감소하며 일부 회사는 증가하는 손실로 인해 문을 닫을 수 있다. 이는 고용률에 부정적인 영향을 미친다. 자본시장과 금융시장도 큰 타격을 받는다. 금리는 이 단계에서 가장 낮은 경우가 많다. 이 단계가 지나면 추가 투자로 경제가 회복되고 경기 순환이 계속된다.

e) 마지막 단계는 회복기(Recovery)로, 이 과정은 노동 시장에서 가

장 먼저 느낄 수 있으며, 경제가 복구되기 시작한다. 투자자들은 더 낮은 금리와 투자 비용을 활용하여 다시 투자를 시작한다. 투자자나 생산자는 고용을 늘리기 시작한다. 따라서 노동 시장에서 가장 먼저 반전을 감지할 수 있는 것이다.

금융 사이클 흐름을 위와 같이 다섯 단계로 구분해 보았다. 그럼 이러한 금융 사이클이 부동산 시장에서 돈의 흐름과 무슨 관계가 있을까?

부동산 시장 사이클이 인구의 흐름을 통한 수요와 공급에 중점을 두고 부동산 가격의 변화를 읽고 투자의 타이밍을 결정한다면, 금융 사이클은 고용지표에 따른 돈의 흐름을 파악하여 부동산 가격의 변화를 읽고 투자 시기를 결정한다고 볼 수 있다. 즉, 실업률이 아주 낮은 경우 고용지표가 좋아 부동산 시장에서 수요가 증가하는 결과를 가져오고, 이는 결국 부동산 시장에서 유효수요의 증가로 인해 부동산 가격이 상승하게 되는 것이다. 요약하자면 이러한 유효수요의 증가는 자본이 부동산 시장으로 흘러들어온다는 의미이기도 하다.

확장기와 고점에서는 수요의 증가로 임대료와 부동산 가격이 많이 상승할 것이고 공급 역시 증가할 것이다. 축소 및 침체기에서는 임대료는 서서히 감소하기 시작하겠지만 부동산 붐은 계속될 수 있다. 이때 은행에서는 경제의 변화를 인지하면서 부동산 담보대출에 제동을 걸기 시작할 것이다. 따라서 투자 및 매수 입장에서 서서히 매도 입장으로 이동하게 되는 것이다.

이러한 금융 사이클의 변화를 파악하려면 자본의 출처 및 규모 그리고 자본이 시장에 들어오고 나가는 이유가 무엇인지를 이해하는 것이 중요하다. 많은 사람이 매수하면 그 시장에는 많은 돈이 들어오게 되고 가격이 상승한다. 반대로 모든 사람이 매도를 선택하고 자금이 시장에서 빠져나가면 가격은 하락한다. 따라서 부동산 시장에서 돈의 흐름을 파악하기 위해서는 금융 사이클을 알아야 한다.

부동산 시장에 유입되는 자본의 근간에는 개인 투자자의 자본, 기관 투자자의 자본, 사적 부채, 공공 부채 등이 있다. 세계화와 국제화로 인해 REITs(부동산투자신탁)를 통해 외국인 투자자의 자본도 미국 부동산 시장으로 쉽게 들어오고 있다. 이것이 개인 투자자의 자본이라 볼 수 있다.

일반적으로 부동산 소유자는 주로 은행에서 부동산 대출을 통해 부동산을 매입한다. 이러한 일반적인 모기지 또는 부동산 담보대출은 1차 금융시장에서 이루어진다. 그리고 은행은 빌려준 돈을 회수해서 또 다른 신규 고객에게 계속 부동산 대출을 하기 위해 해당 모기지를 묶어서 2차 금융시장에 판매하는 식으로 꾸준히 돈을 회수하고 대출하여 이익을 남긴다.

뮤추얼펀드는 이러한 모기지 패키지를 모아서 특정 채권을 발행하여 개별 투자자에게 판매한다. 이러한 유형의 채권은 주거용 부동산의 저당권에 기초를 두고 있는데, 이러한 유형의 채권을 모기지 담보증권(MBS; Mortgage-backed Securities)이라고 한다. 이것은 공공부채에 속한다고 보면 되겠다. 이 부분은 10장에서 자세히 다루게 될 것이다.

이러한 돈의 흐름은 각 투자자에게 허용 가능한 위험을 수용하고 매력적인 수익을 거둘 수 있는 곳으로 움직인다. 예를 들자면 부동산 시장이 공급과잉기로 이동함에 따라 자산 가격은 상승하고 수익성은 감소한다. 현명한 투자자들은 자본환원율이 여전히 낮을 때 부동산을 매도하려고 할 것이다. 이러한 자본환원율은 돈의 흐름이 어느 방향으로 움직일지를 예측하기 때문에 사이클의 변화도 예측할 수 있다. 즉, 자본환원율의 변동을 통해, 금융 사이클을 읽을 수도 있다는 얘기다.

예를 들어, 동일 지역에 동일 유형의 자본환원율을 비교했을 때,

자본환원율이 1년 전, 2년 전, 3년 전과 비교하여 점차 올라가는 추세이면 부동산의 가치가 내려가는 것으로 볼 수 있고, 이는 금융 사이클에서 고점에서 침체기로 이동하고 있다는 뜻이다.

그 반대의 경우, 자본환원율이 점차 내려가는 추세면 부동산의 가치가 상승하는 것으로 회복기나 확장기로 이동하는 것으로 읽을 수 있다. 이에 투자자들은 자본환원율이 가장 낮을 때 부동산을 매각하려고 할 것이고 자본은 점점 부동산 시장에서 물러나게 될 것이다. 반면, 자본환원율이 가장 높을 때는 투자자들이 부동산을 매수하려고 할 것이고 자본은 점점 부동산 시장으로 들어오게 될 것이다.

국제 투자자들은 자국에서 투자하는 것보다 낮은 이익을 얻더라도, 더 신뢰할 수 있는 법률 제도나 강력한 세금 제도, 안정된 정부와 강력한 경제를 가진 미국의 안정적인 부동산 시장에 투자하기를 원하는 경우가 많다. 따라서 국경을 넘어선 투자에 관심이 있다면 달러와 각국의 통화 환율 변동 또한 잘 알고 있어야 한다.

각국의 통화 환율 변동으로 인해 미국 부동산 시장에서도 돈의 흐름이 달라질 수 있다. 달러가 강세인지 약세인지에 따라 미국 부동산 가격은 외국인 투자자들에게 더 비쌀 수도 더 저렴할 수도 있고 통화 차익 거래를 통해 몇 배의 수익을 각 국가의 통화로 벌 수 있다.

자국의 통화가 평가 절하된 경우, 외국인 투자자가 미국 부동산 투자를 위해 자국의 통화를 달러로 교환하여 미국 부동산 시장에 들어오면 같은 가격의 미국 부동산이라도 훨씬 더 비싸게 매입하는 셈이 된다. 반면 외국인 투자자가 이미 보유하고 있었던 미국 부동산을 매각하여 자국으로 자본을 유입할 때는 같은 가격의 미국 부동산이라도 훨씬 더 많은 이득을 볼 수도 있다. 따라서 이런 환율 변동 또한 미국 부동산 시장의 자본 흐름에 또 다른 중요한 변화 요소가 될 수 있다.

이상으로, 돈의 흐름을 파악하는 금융 사이클을 통해 부동산 투자에서 적절한 매수 시기와 매도 시기를 이해하는 원리를 요약해 보았다. 다음은 부동산 시장 사이클과 금융 사이클에 영향을 끼치는 외부적인 요인에 대해서 알아보고자 한다.

시장을 움직이는
외생변수

부동산 시장 사이클과 금융 사이클을 통해 인구의 흐름과 돈의 흐름을 파악하는 사이클의 변화를 알아보았다. 그러나 이러한 부동산 시장 사이클과 금융 사이클은 여러 가지 사회-경제적인 외부환경 변화 때문에 수요와 공급에 영향을 미쳐, 예상대로 사이클이 진행하지 않는 일도 생긴다.

외부환경 변화가 부동산 시장에 미치는 영향은 매우 크다. 이러한 외부환경의 변화와 부동산 가격과의 연관성을 보면 부동산 가격의 변화를 예측할 수 있고 부동산 시장 사이클과 금융 사이클을 이해할 수 있다. 그럼, 어떤 외부환경 요인이 어떻게 부동산 시장에 영향을 미치고 부동산 시장 사이클과 금융 사이클에 영향을 미치는지 알아보도록 하자.

ⓐ 첫째 외생변수는 국민 소득이다. 국민 소득이 증가하면 부동산의 수요가 늘어나서 부동산 가격이 상승한다. 즉, 국민 소득 증가는 부동산 가격과 비례한다. 인구 및 가구 수의 변화와는 달리 국민 소득은 직접적인 결과와 변화의 과정이 1년 단위로 크게 움직이기 때문에 부동산에 단기적으로 영향을 미치는 특징이 있다. 따라서, 매년 발표되는 국민 소득 증가율과 미래 추정치를 참고하면 단기적인 부동산 흐름을 전망할 수 있다.

ⓑ 둘째 요소는 물가와 인플레이션이다. 물가란 개별 상품의 가격을 평균하여 나타낸 종합적 가격 수준을 말하며, 물가지수란 해마다 변하는 물가를 비교하기 쉽게 특정 기준 연도의 물가 수준을 100으로 하여 지수의 형태로 나타낸 것이다.

인플레이션이란 일반 물가 수준이 지속해서 현저하게 상승하는 현상을 말한다. 이는 물가의 상승, 화폐 가치 하락 등을 의미하는데, 인플레이션이 발생하면 빈부 격차가 심해진다. 그리고 부동산 가격에 큰 영향을 미친다. 물가와 인플레이션은 부동산 가격과 비례하며, 단기적으로 나타난다. 만약 물가는 계속해서 상승했는데 어떤 해에 부동산 가격이 하락했다가 다음 해 상승한다면, 하락했던 해의 하락한 정도가 상승한 해에 반영되어 나타나기도 한다.

따라서, 특정 연도의 부동산 가격이 다른 해에 비해 크게 상승하기도 하며 이러한 부동산 가격 상승은 소비자의 심리에 반영되어 부동산 가격에 미치는 영향이 좀 더 크게 나타나기도 한다. 인플레이션은 현금을 가진 자로부터 자산을 가진 자에게로 부가 이전되는 현상으로 나타나며 부익부 빈익빈 현상을 초래한다. 따라서, 투자자들은 인플레이션이 있는 시기에는 인플레이션의 헤지를 위해 주로 부동산에 투자한다.

미국에서는 인플레이션과 관련하여 미국 주택 가격 변동을 고려할 때 주로 케이스-쉴러 지수(Case-Shiller House Price Index)를 언급한다. 미국의 전형적인 주택 가격 변동을 추적하는 이 지수는 기존 단독주택의 판매 가격을 추적하여 거주용 주택시장 가치의 변화를 측정한다. 또한, 인플레이션 효과를 제거한 후 부동산 투자 가치를 결정하기 위해 신규 주택이 아닌 기존 주택의 가격을 추적한다. 케이스-쉴러 지수는 미국 거주용 주택 중 75%의 가격 변화를 파악하여 주택 부문의 동향을 판단할 수 있는 핵심지표로 활용되고 있다. 주택 가격이 상승하면 개인의 자산가치가 상승하여 소비가 증가하고 그 결과 경기가 개선될 가능성이 크다고 해석할 수 있다. 반면, 주택 가격이 급속하게 상승하게 되면 장기적인 경제 문제에 대한 우려가 제기되기도 한다.

ⓒ 세 번째 외생변수는 금리다. 이자란 화폐의 사용에 대해서 지급되는 화폐의 가격이다. 자본의 공급자는 그 대가로 이자를 받고, 자본의 이용자는 그 대가로 이자를 지급한다. 이자는 자본의 크기와 자본 이용 기간에 따라 크기가 다르게 나타난다. 이자율이란 자본 크기에 대한 이자 크기의 비율이다.

일반적으로 금리가 오르면 부동산 가격은 내리고 금리가 내리면 부동산 가격은 오르는 반비례 관계에 있다. 금리가 오르면 시중의 자금이 금융기관에 몰리면서 유동성이 떨어져 부동산 수요가 줄어들고, 대출 금리도 오르면서 금융기관부터 자금을 빌려서 부동산 구매를 하는 부담이 늘어나는 등, 부동산 시장에 부정적일 때가 많다. 따라서 금리가 오르면 부동산 가격은 하락하고 금리가 내리면 부동산 가격은 오르게 된다. 또 금리가 오르는 것은 자금의 수요가 많다는 것을 의미하고, 자금의 수요가 많은 것은 경기가 활성화되었다는 것을 의미한다. 따라서 경기가 활성화되면 금리가 오르고 반대로 경기가 침체히면 금리는 내려간다.

ⓓ 넷째 변수는 통화량이다. 화폐란 상품을 매매하고 채권-채무 관계의 일상 거래에서 통용되는 지불 수단이며 일반적인 교환 수단

이다. 모든 교환은 화폐를 매개로 하며 모든 재화의 가치는 화폐에 의해서 측정되고, 화폐를 가지고 있음으로써 재화의 가치를 저장하는 기능을 가진다. 대부분의 거래는 화폐가 사용되기 때문에 화폐는 지불 수단의 기능을 가진다.

화폐 중에서 시중에 유통되고 있는 화폐를 통화(Currency)라고 한다. 통화에는 현금통화와 예금통화가 있다. 현금통화란 일반 사람들이 보유하고 있는 화폐를 말하며, 예금통화란 은행에 예치해둔 화폐를 말한다.

그리고 통화량이란 현금통화와 예금통화를 합한 것을 말한다. 통화량이 증가하면 화폐의 가치가 하락하고 물가가 상승하면서 인플레이션이 발생하게 된다. 인플레이션이 발생하면 자산가치가 화폐가치에 비해 훨씬 커지면서 부동산의 수요가 증가하게 된다. 부동산 수요가 증가하니 부동산 가격은 오르게 된다. 통화량 증가와 부동산 가격은 일반적으로 직접적인 영향이 있으며, 이에 통화량 증가와 부동산 가격은 비례적인 관계에 있다.

ⓔ 다섯째 외생변수는 환율이다. 환율이란 한 국가의 통화와 다른 국가의 통화와의 교환 비율을 말한다. 다른 말로는 외국환시세(Rate of Foreign Exchange)라고도 한다. 한국의 경우 달러를 원화와 교환

할 때의 비율, 즉, 달러를 원화로 매매할 때의 가격이라고 할 수 있다.

　미국 부동산에 투자할 때, 현지 통화 환율의 변동은 부동산 투자 결정에 큰 영향을 미치며, 언제나 미국의 달러와 원화의 환율 변동을 주의 깊게 살펴야 한다. 미국 부동산 투자에 대한 실제 수익은 이러한 변동의 영향을 공제한 후 계산해야 하기 때문이다.

　환율은 외환에 대한 수요와 공급의 상호작용으로 결정된다. 외환에 대한 수요는 왜 생길까? 외국의 상품, 금융 자산, 실물 자산을 매입할 때 외환이 필요하기 때문에 수요가 발생한다. 외환 공급은 상품, 금융 자산, 실물 자산 등을 판매할 때 받는 대가다. 환율이 오르면 외국 상품의 수요가 줄고 외환의 수요도 줄어들지만, 반대로 수출이 증가하면서 외환 공급은 증가한다. 환율이 내리면 외국 상품의 수요가 증가해서 외환 수요가 증가하게 되고 반면 수출이 줄어들면서 외환 공급이 감소한다.

　한 국가의 금리가 인상되면 외국 자본이 유입되며 외환 공급이 증가하고 환율이 하락한다. 한 국가의 인플레이션이 심해지면 그 국가의 상품 가격이 상대적으로 높아져 수출이 부진하고 수입이 증가함으로 외환 수요는 증가하고 공급은 감소하여 환율은 상승한다. 한 국가의 국민 소득이 증가하면 수입이 증가하므로 외환 수요가 증가하여 환율이 상승한다. 또한, 한 국가의 환율이 계속 상승하면 환율에 의한 차익을 노린 외국 자본이 그 국가로 흘러 들어가 환율의 상승을 서서히 억제하게 된다.

이처럼 부동산 시장과 그 시장의 사이클, 금융 사이클에 영향을 미치는 중요한 외부 환경 요인을 다섯 가지로 요약해봤다. 이 외에도 부동산과의 상관관계를 이해하는 데에는 많은 환경 요소가 존재하며, 이런 요소들은 개별적으로 변화하는 것이 아니라 다른 요소와 복합적으로 변화하여 그 결과가 부동산 시장과 사이클에 반영된다고 볼 수 있다. 따라서 위의 단순 비교만으로는 부동산 시장 사이클을 읽는 데에는 한계가 있지만, 대략적인 흐름을 파악하는 것에는 도움이 될 수 있을 것이다.

미국 부동산에 투자하거나 개발을 할 계획이 있다면, 가장 먼저 자국과 미국의 금리 차이를 분석해야 한다. 미국의 이자율이 더 높으면 원화가 달러보다 평가절하될 가능성이 크다. 만약, 미국 연방준비은행이 금리를 인상하면 세계의 많은 투자자가 미국 채권을 매입할 것이며, 그에 따라 달러는 더욱 강해지기 때문이다. 하지만 원화가 평가절하된 경우도 미국에서 약간의 레버리지를 활용해 미국 부동산을 취득해서 환율 변동에 대비할 필요가 있다.

이처럼 부동산 시장 사이클과 금융 사이클에 영향을 미치는 주요 외부환경 요인들은 결국 부동산과 금융 양쪽에서 수요의 변동에 상당히 민감하며, 그로 인해 부동산 시장에서 부동산 가격 변동도 많은 영향을 받는다.

10장

미국 부동산 이해를 위한
'미국 금융시장' 공부

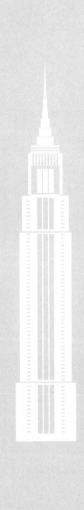

어느 나라나 마찬가지겠지만, 미국 부동산도 자국의 금융경제와 밀접하게 엮여 있다. 미국은 다양한 금융상품이 있어서 비교적 적은 자본으로 쉽게 부동산을 매입할 수 있다. 미국의 부동산 제도에서 모기지는 주택 구매와 불가분의 관계에 있으며 그 규모 역시 아주 거대하다. 이러한 미국 모기지 금융시장은 1차 금융시장(Primary Market)과 2차 금융시장(Secondary Market)으로 나뉜다.

미국 부동산과 떼려야 뗄 수 없는 관계에 있는 모기지의 1차 금융시장과 2차 금융시장, 그리고 모기지의 여러 형태 및 대출기관에 대해 자세히 알아보자.

01
부동산 시장의 큰손,
1차 금융시장

    모기지란 부동산을 담보로 하는 특정 대출 형태로, 미국 부동산 금융 제도에서 매우 중요한 위치를 차지하고 있다. 모기지는 부동산의 소유자가 자신의 부동산을 담보로 채무를 이행하겠다는 저당권 보증 증서로, 은행으로부터 돈을 빌려 쓴 대가로 자신의 부동산 담보권을 채권자인 금융기관에 주는 것이다. 미국에서 모기지 계약을 다루는 법률은 주마다 다르게 적용되고 있다.

    모기지는 주로 대출기관인 채권자와 대출 사용자인 채무자 간의 계약으로 1차 금융시장에서 만들어진다. 대출기관은 저축성 예금이나 보험료, 연금 등으로 모기지 자금을 조성한다. 모기지 대출금을 받은 채무자는 두 가지 계약서에 서명하는데, 바로 주택저당채권

설정계약서(Mortgage) 와 채권증서(Note)다. 이 두 가지 서류를 기반으로 채무자가 정해진 월 상환액을 내지 못하는 경우 채권자는 '차압' 형태로 대출금을 회수할 수 있다. 대표적인 채권자인 은행은 모기지 채권을 15년 또는 30년 만기일까지 보유하지 않고 일정 기간만 보유하다 어느 시점에 그 채권을 2차 금융시장에 내다 판다.

1차 금융시장에서 집을 구매하거나 재융자를 하는 차용인이 모기지를 얻을 수 있도록 도와주는 대출기관은 다음과 같다.

① 상업은행(Commercial Bank)
② 신용협동조합(Credit Union)
③ 생명보험회사(Life Insurance Company)
④ 모기지 은행가(Mortgage Banker)
⑤ 상호저축은행(Mutual Savings Bank)
⑥ 저축 및 대출협회(Savings and Loans)

모기지 브로커는 차용인과 잠재적인 대출기관을 연결하는 역할을 하며, 차용인이 대출기관을 찾는 데 도움을 준다. 이들 브로커는 고객에게 직접 대출을 제공하지 않더라도 1차 금융시장에서 모기지론 기관으로 간주된다.

이런 대출기관들에는 다양한 유형의 대출상품이 있다. 각각의 신청 요건은 대출상품 및 대출기관 유형에 따라 다르다. 은행 및 신용 조합을 비롯한 여러 유형의 금융기관에서 제공하는 대출은 정부 지원 대출보다 자격 요건이 더 엄격한 경향이 있으며, 일반적으로 차용인에게 더 높은 신용 점수와 '부채 대비 소득 비율(DTI Ratio: Debt to Income Ratio)'을 요구한다.

다음은 대출기관에서 제공하는 모기지의 종류를 알아보자. 대출기관에서 제공하는 모기지는 크게 적격 대출과 비적격 대출로 구분된다.

[1] 적격 대출

적격 대출은 연방주택금융기관(FHFA: Federal Housing Finance Agency)에서 설정한 대출 한도와 프레디맥(Freddie Mac: Federal Home Loan Mortgage Corporation), 패니메이(Fannie Mae: Federal National Mortgage Association)의 기준을 충족하는 조건의 모기지인데, 신용이 좋은 차용인들은 이 적격 대출을 통해 낮은 이자로 대출을 받을 수 있다. 적격 대출은 해마다 변경되는 특정 대출 한도를 초과할 수 없으며 2022년의 대출 한도는 미국 대부분 지역에서 647,200달러지만 물가가 높은 일부 지역에서는 상한선이 더 높다. 대출기관은 이러한 모기지를 2

차 금융시장에서 판매할 수 있어서 적격 대출의 발행을 선호한다.

패니메이와 프레디맥은 주택담보대출 시장을 주도하는 정부 후원 기관이다. 이들은 주택 모기지가 준수해야 하는 표준화된 기준을 만들었고 각 대출기관은 이 기준에 따라 차용인의 모기지 심사를 하고 있다. 패니메이와 프레디맥은 모기지를 차용인에게 직접 제공하지는 않지만, 은행 같은 대출기관이 발행한 모기지를 보증한다. 그리고 대출기관이 해당 모기지를 판매하려는 경우 2차 금융시장에서 일반 모기지를 매입해서 대출을 직접 시행하는 대출기관에 자금을 유입시켜 1차 금융시장에서 모기지를 활성화할 수 있도록 도와준다.

적격 대출에 속하는 모기지로는 흔히 이용하는 일반 모기지 론 (Conventional Mortgage Loan)이 있다. 이 모기지는 각 은행이나 대출기관에서 패니메이나 프레디맥의 모기지 융자 기준에 따라 심사하고 대출을 시행한다. 일반 모기지 론의 심사 조건은 다음과 같다.

① 다운페이먼트
첫 주택 구매자는 3%의 낮은 다운페이먼트만 내고 잔액은 전부 모기지를 받을 수 있다. 그러나 다운페이먼트 요구 사항은 개인적인 재정 상태와 원하는 대출 유형에 따라 다를 수 있다.

기존 대출을 재융자하는 경우 3% 이상의 자기 자본이 필요하다. 현금인출 재융자의 경우는 집에 최소 20%의 순자산이 남아 있어야 한다.

② 개인 모기지 보험

일반 모기지 론에 20% 미만으로 다운페이먼트를 했을 경우, 개인 모기지 보험을 지불해야 한다. 이는 대출 불이행 시 모기지 투자자를 보호하는 역할을 하며, 비용은 대출 유형, 신용 점수, 다운페이먼트 규모에 따라 다르다.

개인 모기지 보험은 일반적으로 매월 모기지를 상환할 때 보험금을 함께 내야 하지만, 모기지 상환 전체 기간에 걸쳐서 내지는 않는다. 모기지 상환 일정에 따라 주택 자산이 20%에 도달하면 대출기관에 모기지 상환금에서 개인 모기지 보험을 없애도록 요청할 수 있다. 또는 주택 가치가 상승하여 20%의 주택 순자산에 도달한 경우 대출기관에 연락해 새롭게 평가를 받아 새로운 가치를 사용해서 개인 모기지 보험을 없앨 수 있으며, 주택 순자산이 22%에 도달하면 대출기관은 자동으로 대출에서 PMI를 제거한다.

③ 신용 점수(Credit Score)

일반적으로 일반 대출을 받기 위해서는 최소 620점의 신용 점수

가 필요하지만 좋은 이자율을 받기 위해서는 740점 이상이 되어야
한다.

④ 소득 대비 부채 비율

소득 대비 부채 비율은 월 소득 중 부채 상환에 사용되는 금액
을 나타내는 백분율이다. 모든 부채에 대한 최소 월 지급액을 더하
고 이를 총 월 소득으로 나누어 소득 대비 부채 비율을 계산할 수 있
다. 대부분의 일반 대출의 경우, 소득 대비 부채 비율은 50% 이하여
야 한다.

⑤ 대출 금액

적격한 일반 대출의 경우, 패니메이와 프레디맥이 설정한 대출
한도 내에 있어야 한다. 대출 한도는 매년 변경되며 2022년의 주택담
보대출 한도는 647,200달러다. 그러나 알래스카, 하와이, 캘리포니아
주 등과 같이 주택의 평균 가격이 높은 지역은 최대 970,800달러로
대출 한도가 더 높다.

[2] 비적격 대출

비적격 대출은 연방주택금융기관의 요건을 충족하지 못하거나
패니메이, 프레디맥의 기준에 충족되지 않는 대출이다. 여기에는

세 가지의 주요 정부 지원 모기지인 연방주택청(FHA; Federal Housing Administration), 농무부(USDA; Department of Agriculture) 및 미국재향군인회(VA; Department of Veterans Affairs)와 점보 대출(Jumbo Loan)이 포함된다.

FHA, USDA 및 VA 모기지는 채무 불이행의 경우 정부가 보장하지만, 승인된 민간 모기지 론 기관에서 대출하고 관리한다. 이러한 유형의 모기지는 잠재적 주택 소유자가 적은 금액의 다운페이먼트, 낮은 신용, 높은 대출 한도 및 높은 부채 비율로 주택을 매입할 수 있도록 해 준다. 이러한 정부 지원 대출은 재융자할 때도 사용할 수 있다.

비적격 대출은 정부 후원 기업(GSE; Government-sponsored Enterprises)인 패니메이와 프레디맥의 기준을 준수하지 않는 주택 모기지이므로 패니메이, 프레디맥과 같은 기관에 재판매할 수 없으며 적격 모기지보다 높은 이자율을 수반하는 경우가 많다.

다음은 비적격 대출의 종류를 알아보자.

① 점보 모기지 론(Jumbo Mortgage Loan)
점보 모기지 론은 주로 대형 고급 주택에 주로 사용되며, 연방주택금융기관의 대출 한도를 초과하기 때문에 '비적격 대출'로 구분된

다. 앞서 일반 모기지 론의 금액에서 알아본 것처럼 패니메이와 프레디맥은 연방주택금융기관의 대출 한도를 준수하는 모기지를 구매하며, 이 한도 금액이 넘으면 점보 모기지 론으로 간주된다.

② 정부가 보증하는 모기지 론(Government-insured Mortgage Loan)

정부가 보증하는 모기지 론은 연방주택청, 농무부 또는 재향군인회에서 보증하는 대출이다. 잠재적 주택 소유자에게 요구하는 신용 점수와 다운페이먼트가 더 낮다. FHA, USDA 및 VA 대출은 정부가 보증하는 모기지 론이다.

FHA 모기지 같은 정부 보조 모기지 론은 최소 3.5%의 다운페이먼트를 요구할 수 있으며 고정 또는 변동 이자율로 15년 및 30년 기간을 제공한다. VA나 USDA 같은 모기지 론은 다운페이먼트가 필요하지 않다.

ⓐ FHA 모기지 론

연방주택청(FHA) 모기지 론은 일반적으로 주거용 주택이나 소유자가 점유하는 1~4개의 유닛이 있는 다세대 주택에 대해서 대출할 수 있지만, 임대 목적의 투자용 주택 구매에는 대출할 수 없다. FHA가 직접 돈을 빌려주는 것이 아니라, FHA가 승인한 금융기관이 대출하고 관리하며, 연방주택청은 차용인이 채무를 불이행할 경우 대출을 보증한다.

FHA 모기지 론은 생애 첫 주택 구매자나 최소 3년 동안 주택을 소유한 적이 없는 개인을 위해 고안되었고, 일반적으로 3.5%의 낮은 다운페이먼트와 다양한 융자 기간이 제공된다. 주택의 감정가는 주택도시개발부(HUD; Department of Housing and Urban Development)에서 정한 기준을 준수하는 FHA 승인 감정사에 의해 감정되며, 이렇게 평가된 감정가를 기준으로 모기지 론 심사를 한다.

FHA 모기지 론의 차용인은 융자 금액에 따라 측정되는 보험료(MIP; Mortgage Insurance Premium)를 지급해야 한다. 다운페이먼트가 10% 이상일 경우는 11년 동안 내야 하며 다운페이먼트가 10% 미만일 경우는 대출 기간을 통틀어서 지급해야 한다.

ⓑ VA 모기지 론
VA 모기지 론은 미국재향군인회에서 부분적으로 보장하지만, 은행이나 신용 조합과 같은 금융기관에서 대출한다. 이 모기지 론을 신청하려면 잠재적인 차용인이 군인이어야 하며, 여기에는 최소 90일의 현역 복무 기간이 있는 주 방위군, 완전한 VA 자격이 있는 군인의 배우자 또는 사망한 군인의 배우자가 포함된다. 업무 중이나 업무 관련으로 부상 당한 전역 군인도 자격 조건이 된다.

VA 대출의 장점은 다음과 같다.

① 매매가가 주택 감정가보다 높지 않다면 다운페이먼트가 필요 없이 100% 융자를 제공한다.

② 개인 모기지 보험(PMI)이 필요하지 않다.

③ 금리가 낮다.

④ 대출 기간이 15년 및 30년이다.

⑤ 대부분 지역에서 다운페이먼트 없이 프레디맥과 패니메이의 한도까지 대출받을 수 있다.

⑥ 클로징 비용이 절감된다.

⑦ 대출금을 조기에 상환해도 중도상환수수료가 없다.

VA 모기지 론은 차용인이 빌린 금액의 2.3%에 해당하는 자금조달수수료(Funding Fee)를 내야 하며, 이전에 VA 모기지 론을 통해 주택을 매입한 군인은 3.6%에 해당하는 자금조달수수료를 내야 한다. 기본적으로 평생 혜택이 유지되며, 거주용 집을 매입하기 위한 목적이라면 횟수에 제한 없이 신청할 수 있다.

ⓒ USDA 모기지 론

USDA 모기지 론은 저소득 및 중간 소득의 농촌 지역에 있는 사람들에게 제공되는 대출이며 미국 농무부가 보증한다. 승인된 USDA 모기지 대출기관은 대출 수수료나 소유권 수수료, 재산세, 주택 소유자 모기지 보험료 및 선불 보증 수수료를 포함한 클로징 비용을 차용인에게 지급하도록 요구한다.

이 모기지 론의 수급 자격을 갖추려면 잠재적 차용인이 다음 기준을 충족해야 한다.
① 주택을 주된 거주지로 사용해야 한다.
② 총소득이 미국 중위 가족 소득의 115%를 초과해서는 안 된다.
③ 미국 시민이거나 귀화한 미국 시민이어야 한다.

USDA 모기지 론의 장점은 새 주택을 짓거나, 주택을 매입-개선할 경우 100%의 융자를 제공한다는 것이다. 이는 가전제품, 카펫, 냉난방 시스템 등을 매입할 때도 사용할 수 있다. 또한, 차용인이 부채를 관리하고 상환할 수 있음을 증명하는 문서를 제시할 수만 있다면, 많은 대출기관이 대출을 위한 개인 신용 점수로 최소 640점을 요구하는 것에 비해 최소 신용 점수 없이도 대출받을 수 있다.

USDA 모기지 론의 단점은 주택 구매자가 구매 가격의 약 2%~5%를 클로징 비용으로 지급해야 한다는 것이고, 30년 대출 기간으로만 모기지가 가능하다는 것이다. 이러한 모기지 론으로 매입하는 부동산은 농장이 아니어야 하며, 포장된 도로에서 접근할 수

미국 부동산이 답이다

있어야 하고, 물과 전기 시스템이 완전히 작동해야 한다.

위와 같이 1차 금융시장과 거기에서 생성되는 여러 모기지 중에서 주택담보 모기지 론 기준으로 반드시 알아야 할 핵심 내용을 들여다보았다. 사실 미국의 금융상품은 너무나 광범위하다. 고정 및 변동 이자에 따른 모기지 금융 상품들, 서로 다른 거래 특성에 적합한 모기지 금융 상품들, 신규 건축에 관한 대출 및 상업용 부동산에 관한 금융상품 등 아주 다양하다.

02
부동산시장에 활기를 넣는
2차 금융시장

1차 금융시장에 있는 대출기관들은 생성한 모기지를 그대로 보유하거나 2차 금융시장의 투자자들에게 판매하기도 하며, 모기지를 담보로 모기지담보증권(MBS)를 발행하기도 한다.

2차 금융시장은 1차 금융시장에서 시작된 모기지 론을 구매하는 대출기관이나 정부 기관, 투자자 및 조직으로 구성되며, 그중 모기지담보증권을 구입하는 투자자들은 모기지 금융 시장에서 가장 큰 자금원 역할을 한다.

2차 금융시장 참가자는 다음과 같다.
① 패니메이 혹은 연방전국모기지협회(Federal National Mortgage

Association)

② 프레디맥 혹은 연방주택융자모기지공사(Federal Home Loan Mortgage Corporation)

③ 지니메이 혹은 전국모기지협회(Ginnie Mae; Government National Mortgage Association)

④ 대출을 패키지로 구성하고 풀드 모기지(Pooled Mortgage)를 기반으로 증권을 판매하는 투자 회사

⑤ 연기금(Pension Funds)

⑥ 생명보험회사(Life Insurance Companies)

이 참가자들은 1차 금융시장에서 모기지 패키지를 구매해서 이를 담보로 하는 모기지담보증권을 투자자에게 판매한다. 이러한 주택 모기지의 증권화는 미국 금융시장에 자금의 유동성과 효율성을 증가시킨다.

2차 금융시장에서 가장 많은 모기지 패키지를 매입하는 기관은 패니메이와 프레디맥으로, 이 두 기관은 모두 정부 후원 기관(GSE)으로서, 모기지담보증권의 가장 큰 발행자인 동시에 판매자다. 이외에도 정부 산하 기관들이라 할 수 있는 연방주택청, 재향군인회, 전국모기지협회 등도 모기지 패키지를 사고 모기지담보증권을 발행한다.

그럼, 위의 언급된 기관 중에서 패니메이, 프레디맥 그리고 지니메이에 대해서 간단하게 알아보자.

1. 연방전국모기지협회, 패니메이

공식적으로는 FNMA로 알려진 패니메이는 주택 소유를 촉진하고 모기지 금융시장에 유동성을 제공하기 위해 의회에서 승인한 정부 후원 기업이다. 1938년에 설립되었으며 그 목적은 저소득과 중간 소득층의 차용인이 주택 융자를 받을 수 있도록 돕는 것이다.

패니메이는 자금이 필요한 잠재적인 주택 소유자에게 모기지를 직접 제공하지 않지만, 2차 금융시장을 통해 모기지 패키지를 구매한다. 이를 통해 패니메이는 은행, 저축은행, 신용협동조합을 포함한 대출기관에 더 많은 유동성을 제공하여 더 많은 자금을 조달할 수 있도록 한다.

2차 금융시장에서 모기지 패키지를 매입한 후 패니메이는 모기지담보증권을 발행하고 보험 회사, 연기금 및 투자 은행과 같은 기관에서 이를 매입한다.

이러한 과정을 통해서 패니메이는 1차 금융시장의 대출기관에

미국 부동산이 답이다

지속적인 유동성을 제공한다.

2021년에 패니메이는 1차 금융시장에 1조 4,000억 달러의 유동성을 제공하여 저소득층 미국인이 약 550만 채의 주택을 매입할 수 있게 하였고 재융자와 임대를 하는 데에도 도움을 주었다.

2. 연방주택융자모기지공사, 프레디맥

공식적으로 FHLMC로 알려진 프레디맥은 1970년 의회가 승인한 주주 소유의 정부 후원 기업으로 1차 금융시장의 모기지 론 기관에 자금이 계속 흐르도록 하여 중산층 미국인이 주택을 소유할 수 있도록 하며 임대 주택에도 지원을 하고 있다.

프레디맥은 모기지 론 기관으로부터 모기지 패키지를 구매하고 모기지담보증권을 발행해서 보험 회사, 연기금 및 투자 은행과 같은 기관에 판매한다. 패니메이가 주요 소매 또는 상업은행에서 모기지 패키지를 구매하는 반면, 프레디맥은 주로 소규모 은행에서 모기지 패키지를 매입한다. 프레디맥이 발행한 증권은 매우 유동석이며 미국 국채에 가까운 신용 등급을 갖는 경향이 있다.

3. 정부전국모기지협회, 지니메이

공식적으로 GNMA로 알려진 지니메이는 승인된 대출 기관이 발행한 모기지담보증권에 대해 원금 지급을 보장하는 연방 협회다. 저렴한 주택 소유를 촉진하기 위해 미국주택도시개발부의 산하 기관으로 1968년에 설립되었으며, 모기지 금융 시장에서 소외된 저소득층 소비자들에게 저렴한 대출을 보장한다.

지니메이의 역할은 미국 정부가 직접 보증하는 주택 모기지 금융 시장에 유동성을 제공하는 것이다. 또한 지니메이는 모기지를 생성하지 않는다. FHA 융자, VA 융자, USDA 융자 등의 정부가 보증하는 모기지 론을 보장하는 정부 기관으로,정부가 지원하는 모기지 패키지를 매입하고 판매하고 보장하는 역할을 하는 반면, 패니메이와 프레디맥은 정부 지원을 받는 정부 후원 기관으로 전통적인 모기지 패키지를 구입하고 판매하는 역할을 한다.

▶ 1차 시장과 2차 시장의 순환으로 만드는 미국 금융시장의 유동성

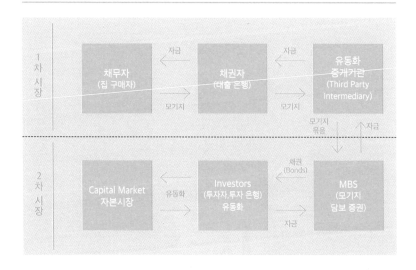

11장

‘포스트 코로나’
미국 부동산 어떻게
변하나?

코로나-19 팬데믹으로 인해 전 세계의 사회적, 경제적 변화가 빨라졌지만, 세계 부동산의 트렌드에는 그다지 변화가 없는 것으로 생각하는 사람들도 있다. 그러나 실제로는 급속한 변화가 이루어지고 있으며 미국 부동산 역시 예외가 아니다. 투자를 고려할 경우 이런 트렌드는 반드시 알아야 하는 중요한 부분이며 이는 현명한 선택에 많은 도움이 될 것이다. 11장에서는 팬데믹 이후의 변화와 미래의 변화에 대한 전망을 정리해본다.

코로나19 이후
미국 부동산의 트렌드 변화

코로나 이전의 미국 부동산 시장은 전반적으로 좋았다. 2020년 3월 코로나 팬데믹 발표 이전까지, 3% 중-후반의 저금리, 2~2.5개월 정도의 재고(인벤토리)로 셀러즈 마켓을 유지하고 있었고 거의 완전 고용에 가까운 3.7%의 저실업률 등의 좋은 경제 지표로 시작이 매우 좋은 부동산 시장을 이루고 있었다.

2020년 3월 미국 팬데믹 발표 이후로 정부 차원의 신속한 코로나 사태 대처 방안으로 제로 금리와 더불어 거대한 규모의 양적 완화가 시장이 반응할 때까지 여러 차례 시행되었다. 엄청난 규모의 달러를 시장에 풀면서 소비 기반을 만들어 경제를 살리려고 노력한 것이다. 이로 인해, 코로나 이후 미국 부동산 시장의 변화를 짚어본다면 큰 맥락에서 다음과 같이 요약할 수 있다.

첫째, 인구밀집도가 높은 도시 중심부에서 도시 외곽 지역으로 사람들이 이동하는 변화가 있었다. 이는 코로나를 계기로 안전성을 중요시하는 결과로 볼 수 있다.

둘째, 1선 도시에서 인구가 빠지고 2선 도시로 사람들이 이동하는 변화가 있었다. 이는 코로나로 인해 빠듯해진 경제 상황을 고려한 결과라 볼 수 있다.

셋째, 불안정한 상업용 부동산 투자보다는 좀 더 안정적인 주거용 부동산을 선호하게 되었고 모든 부동산 투자자들이 주택 시장으로 몰리는 변화가 있었다. 이는 코로나로 인해 안정성을 고려한 결과라고 볼 수 있다.

좀 더 세부적인 맥락에서 본다면, 급격한 수요 증가와 현격한 공급 부족이다. 그럼, 먼저, 수요는 왜 급격하게 증가했을까? 정리해 보자.

ⓐ 무엇보다 먼저 50년 이래 사상 최저의 저금리는 저축보다는 투자로 사람들의 시선을 돌리게 했으며 거대한 규모의 양적 완화는 인플레이션 헤지 수단으로서의 부동산 투자를 더욱 주목하게 만들

었다. 이런 이유로 많은 사람이 주택을 구매하기 위해 부동산 주택 시장에 나오게 되었다.

ⓑ 코로나로 인해 재택근무, 원격근무가 증가하면서 사람들은 더욱더 안락하고 안전한 공간이 필요했고 도시 중심 지역보다는 도시 외곽의 좀 더 좋고 넓은 집을 선호했다.

ⓒ 코로나로 인해 상업용 부동산이 더 불확실해지면서, 부동산 투자자들이 거주용 부동산 시장으로 많이 몰리게 되어 수요가 급격히 증가하게 되었다.

ⓓ 넷째, 임대료 상승으로 인해 집값이 저렴한 2선 도시에서는 임대보다 금리 싼 대출을 받아 집을 사려는 수요가 늘었다. 매월 대출 상환 금액이 월 임대료보다 훨씬 저렴해져, 주택을 구매하려고 하는 밀레니얼 세대의 수요가 급증한 것이다.

그렇다면, 공급 측면에서 현격한 부족 사태가 벌어진 것은 왜 일까?

ⓐ 우선 이미 주택을 소유하고 있는 집주인들은 안전성을 도모 하여 매도를 꺼리며 집을 시장에 내놓지 않는 결과를 초래하였다.

ⓑ 둘째로, 사실상 2010년부터 주택 재고가 이미 부족했던 데다, 원자재 부족으로 인해 신규 주택의 수가 빠르게 증가하지 못했다.

ⓒ 셋째로는 원자재 부족으로 인한 건축자재 가격 상승으로 건축회사들이 빠른 속도로 집을 지을 수가 없게 되었다.

이러한 변화와 이유로 집값은 무섭게 오르기 시작했고 집을 사기 위한 가격 경쟁은 갈수록 치열해진 것이다.

그럼, 2021년의 미국 부동산 시장에는 어떠한 변화가 있었나?

ⓐ 공급망에 생긴 병목 현상으로 인해 공급 부족 현상은 계속 이어졌고, 수많은 수요자가 계속 부동산 시장에 머물고 있었다.

ⓑ 재택근무와 원격근무 형태는 여전히 유지되고 있었다.

ⓒ 주택을 매각한 매도인들이 엄청난 집값 상승으로 인해 생긴 차액으로써 상대적으로 저렴한 2선 도시나 하위 시장에서 싼 집을 매입하는 경우가 증가했다. 이경우 대부분이 현금으로 집을 구매하는 경우였다. 레드핀(Redfin)의 하우징 리포트에 의하면, 2021년 미국 전체 통계에서 현금으로 집을 매입하는 경우가 전체 주택 구매의 3

분의 1을 차지한다고 한다.

초저금리와 양적 완화, 급속한 집값 상승, 주택 임대료 상승으로 많은 사람이 주택 시장으로 몰리게 되었고 인플레이션의 헤지를 고려하는 투자자들 역시 집을 사기 위해 고군분투하며 가격 경쟁에 참여했다. 투자자들은 주식이나 가지고 있는 자본으로 인플레이션 헤지를 위해 부동산에 투자하였고, 무주택자들은 임대료의 급상승에 따른 부담에서 빨리 벗어나고자 주택을 사려는 경우가 많았다.

요약하자면, 코로나 이후의 미국 부동산 시장의 큰 변화는 바로 도심 외곽의 시장(Fringe Market)과 하부 시장에서 부동산 거래가 활성화되었다는 점이다. 이는 코로나로 인해 안전성을 중시하여 재택근무, 원격근무가 활성화되면서 경제성을 중시해 비싼 도심보다는 그 주변의 저렴한 지역으로 사람들이 이동했다는 것과 1선 도시보다는 2선 도시로 사람들이 이주했다는 것이다.

코로나로 인해 라이프스타일이 급격하게 바뀌었고 집을 원하고 필요로 하는 사람들이 급증했지만, 미국은 심각한 주택 공급난에 처해 있다. 이러한 주택난을 해결하기 위해선 약 550만 채의 주택이 필요한 실정이다.

02
미국 부동산의
미래 트렌드

많은 사람에게 부동산 부문은 코로나 이전과 똑같아 보일 수 있다. 그러나 그렇지 않다. 일부 건물이나 일부 유형의 부동산은 더는 사용되지 않고 있다. 이제 이러한 부동산을 용도 변경하는 방법을 생각해야 한다. 다른 경제적 장애물로는 생산을 늦추거나 중단시키는 공급망 병목 현상이 있다. 그리고 노동력과 제품 부족은 인플레이션에 대한 두려움을 가져오게 하였다.

코로나 이후로 다른 여러 분야와 마찬가지로 부동산 분야에서도 급속한 변화가 있었다. 앞으로 10년 후를 내다보면서 지금부터 빠르게 대처해야 한다. 이러한 상황에서 미래의 미국 부동산 시장의 트렌드의 변화를 예상한다면 다음과 같이 요약할 수 있을 것이다.

1. 재택근무와 원격근무의 패턴은 코로나 종식 후에도 유지될 것으로 보인다, 일의 능률이나 회사 운영의 비용 절감 면에서도 이미 긍정적인 결과를 경험했기 때문이다. 이로 인해, 오피스 빌딩의 공실률은 좀 더 증가할 수 있을 것이다. 좀 더 넓은 공간을 요구하는 구성원이 있는 가족은 도심 외곽의 단독 주택을 여전히 선호할 거라고 보고 있다.

2. 집값 상승으로 인해 저소득층이나 중산층이 집을 소유할 기회는 축소될 것이다. 따라서 이러한 사람들을 위한 주택을 공급해야할 것이다. 집의 크기를 축소하고 집의 단가를 낮추어 판매하는 전략으로 아주 작은 크기의 집들이 생산될 것이며, 다세대 주택이 많이 생산될 것으로 보고 있다. 조립식 주택의 보급 역시 활발해질 거라고 보고 있다.

3. 임대용 주택이 많이 부족한 상황에서 BTR(Build to Rent), 즉, 임대주택이 증가하고 있다. 즉, 건설사들이 신규 주택을 지어서 분양하는 것이 아니라 곧바로 모두 임대하는 것이다. 이 경우는 좀 더 경제적인 여유가 있는 사람들을 대상으로 한 고급형 임대 주택의 형태가 될 것이다. 집을 관리 하는 부담에서 벗어나 자유롭게 살려는 은퇴자나 1인 가구를 겨냥한 새로운 트렌드다. 건설사들은 BTR 형식으로 집을 짓는 경우 은행에서 자금 조달이 좀 더 쉬울 수 있다는 장점

을 활용할 것이다.

4. 인구가 도심 외곽 시장과 하부 시장으로 유입이 되는 과정에서 향후 몇 년 동안 이러한 시장에서 계속 부동산이 활성화될 것이다. 그러나, 가까운 미래에 대도시나 그 지역의 중심 지역권(Core Market)에 수요를 활성화하는 차원에서 다시 재개발을 시도하는 개발 프로젝트가 나타날 수도 있을 것이다.

5. 코로나 이후로 부동산의 운영 및 마케팅 목적으로 사용되는 3차원 가상 투어(3D Virtual Tour)가 활성화되면서 부동산을 직접 보러 다니는 수고를 대신하는 데에 큰 역할을 하였다. 특히 앞으로는 이러한 3차원 가상 투어는 밀레니얼 세대나 Z세대들에게는 부동산을 알아보는 기본 도구가 될 것으로 본다.

6. 제로 에너지 건물(Zero Energy Building)로 서서히 전환할 것으로 전망한다. 제로 에너지 건물이란, 고성능 단열재와 이중창 등을 활용해 외부로 손실되는 에너지를 최소화하고 태양광이나 풍력 등 신재생 에너지를 이용해 에너지를 자체적으로 공급하는 빌딩을 말한다, 미국은 2030년 이후로 신축 건물에 탄소배출 제로 기준 도입과 공공건물과 기존 건물의 절반을 제로 에너지 건물로 대체 한다는 방침이다. 뉴욕주의 이타카 시는 100% 탄소 없는 도시 정책의 첫 단계

로 모든 건물의 탈탄소화를 시작했고, 2021년 11월 3일 만장일치로 이타카 시의회는 시내 건물의 완전한 탈탄소화를 승인했다.

그럼 이런 것도 생각해보자. 유형별로 보았을 때 미래에 어떤 부동산이 뜨고, 어떤 부동산이 질까?

1. 부동산 유형별로 보았을 때 가장 안정적인 거주용 부동산이 희망적이어서 주목할 필요가 있다. 즉, 단독 주택이나 다가구 임대 주택이다. 재택근무와 원격근무 방식이 계속되면서 여전히 단독 주택은 사람들이 선호하는 안정적인 자산이 될 것이며, 아파트와 같은 다세대 임대 주택 역시 가장 선호하는 안정적 투자 자산이 될 것이다.

2020년 미국의 상시인구조사(Current Population Survey)에 따르면, 1인 가구 조사 분석 연구 자료에서 1980년대부터 2020년까지의 1인 가구 수가 계속 증가했으며, 2020년 기준 베이비붐 세대가 1인 가구 수치를 많이 차지하고 있다. 10년 후 X세대들의 이혼, 별거 등으로 인해 1인 가구 수는 더 많아질 거라고 보고 있고, Z세대 역시 결혼 시기가 늦어지므로 1인 가구로 남을 확률이 높다. 밀레니얼 세대는 가족 구성원의 증가로 단독 주택으로 옮겨가는 가구가 될 듯하다.

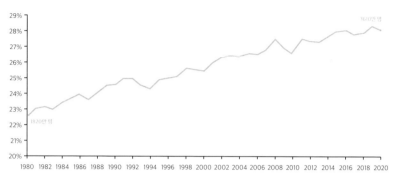

*자료출처 : 미국상시인구조사(Current Polation Survey)

▶ 2020 미국 1인 가구 점유율

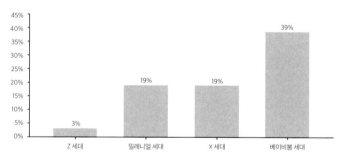

*자료출처 : 미국상시인구조사(Current Polation Survey)

2. 코로나 이후로 창고나 셀프 스토리지 같은 부동산이 급부상하게 되었고 의료 관련 연구소, 의료 시스템과 관련된 공간이 절실히 필요한 과정에서 이러한 형태의 산업용 부동산의 가치가 급상승하게 되었다, 이러한 트렌드는 앞으로 계속될 것으로 본다.

3. 상업용 부동산은 코로나 이후로 급속하게 온라인 시장에서 필요한 것을 구매하는 패턴으로 바뀌었다. 식당같이 반드시 사람과의 대면이 필요한 경우의 공간을 제외하고는 오프라인 시장에서의 구매 형태는 점점 사장될 수 있다고 본다. 대책이 필요한 상황이다.

4. 오피스 공간 부동산은 재택근무나 원격근무 형식의 근무 패턴으로 일주일에 2~3일 정도만 출근하는 시스템으로 변화하며 향후 오피스 공간은 5~15%가 공실일 확률이 높다고 한다.

5. 호텔은 코로나 이후로 가장 큰 타격을 받은 부동산 유형이라 볼 수 있다. 다만, 이제 여행이 회복되고 있어서, 앞으로 인구 중심지에서 쉽게 운전할 수 있는 범위에 있는 호텔이 가장 큰 혜택을 누릴 것으로 보인다. 그러나 비즈니스 관련 출장이나 해외여행은 향후 몇 년 동안 코로나 이전 수준으로 돌아가지 않을 수 있다.

이러한 미국 부동산의 변화 과정에서 각 유형의 부동산을 보유한 소유자들은 변화의 흐름에 민첩하게 대처해야 한다. 그리고 앞으로 '복합용도 구역설정(Mixed Use Zoning)'은 미국 부동산 시장에서 가장 큰 변화가 될 것이며 자산을 늘릴 기회가 될 것이다. 호텔의 재사용은 다세대 주택으로, 사무실은 복합 용도로, 주차장은 셀프 스토리지로, 소매점은 경험적인 대면을 해야 하는 생활환경 공간으로 변모하게 될 것이다.

미국 부동산 투자의 교과서이자
지침서가 되기를

나는 미국 조지아주 애틀랜타 지역에서 21년 차 부동산 투자 전문가로 활동하고 있다. 그동안 한 번의 완전한 부동산 사이클을 경험했고, 현재는 두 번째 부동산 사이클 속에서 아주 다양한 변화를 체험하고 있지만, 미국 부동산 시장의 변화와 순환의 과정에서 항상 느끼는 것은 부동산 투자에는 딱히 정해진 공식이 없다는 사실이다.

부동산 투자는 투자할 지역에 대한 정확한 시장 분석과 부동산 투자의 기본 핵심원리를 바탕으로 미래의 투자수익을 예상하여 실행하는 것이다. 나는 이 책에서 미국 부동산 투자를 고려하는 투자자들이 반드시 알아야 하는 핵심원리를 통해 수익을 극대화할 수 있도록 미국 부동산 투자의 주요 정보와 이론을 모두 망라했다.

더불어 미국 부동산 투자를 꿈꾸는 한국의 투자자들이 해왔던 질문과 21년 동안 직접 미국 현지인들과 함께 미국 부동산 투자를 경험하면서 그들이 궁금해했던 내용을 기준으로, 내가 그들에게 전달하고 싶었던 내용을 모두 이 책에 담아 보고자 노력했다. 미국 현지인들이 부를 창출하기 위해 실제로 활용하고 있는 전통적 부동산 투자 핵심원리를 모든 독자가 넉넉히 이해했기를 바란다. 또 투자의 실용적인 측면에서 미국 부동산의 취득-보유-매각 과정 전체를 잘 파악하여 앞으로 널리 활용할 수 있으리라 믿는다.

요컨대 나의 오랜 경험과 진심이 오롯이 담긴 이 책이 한국의 독자들에게는 미국 부동산 투자의 교과서이자 지침서가 될 수 있길 바란다.

끝으로 이 책이 많은 독자를 만날 수 있게 해준 주식회사 베가북스에 깊은 감사의 마음을 전한다.

부록

미국 부동산 투자

시크릿 노트

어느 지역에 투자해야 할까? 어떤 부동산 물건을 매입해서 어떻게 운영해야 할까? 미국 부동산 투자를 고려하는 사람이라면 누구나 깊게 생각하고 고민할 포인트다. 이 부록에서는 미국 부동산 투자 지역 선정을 위해서 반드시 알아야 하는 핵심과 심사숙고해야 할 점을 요약해보고자 한다.

1. 미국 부동산 투자, 어디를 눈여겨볼까?

미국 부동산을 고려하고 있는 투자자라면 의사 결정을 할 때 어느 지역에 투자해야 할 것인가가 당연히 궁금할 것이다. 그럼 미국 내 투자 지역을 선정하기 위해서 반드시 알아야 하는 핵심 포인트는

미국 부동산이 답이다

무엇일까?

바로 미국 내 인구의 흐름을 파악하는 것이다.

부동산에 투자하려는 투자자는 어느 곳에서든 반드시 살펴봐야 하는 기본이 있다. 바로 인구의 흐름이다. 부동산은 움직이지 않는 부동의 자산이므로, 그 부동산을 중심으로 사람들이 얼마나 어떻게 움직이는가에 의해 자산가치가 좌우된다. 현재 투자할 곳의 수요는 어떤지, 공급은 어떤지, 인구가 어디로 흐르는지에 따라 투자의 방향을 좁혀야 한다.

여기에 하나 더 알아야 하는 요소는 다민족 국가인 미국의 인구 유입 과정에서 발생하는 필터링 현상이다, 10년 전에는 좋았던 동네가 시간이 흘러 인구가 빠져나가면서 공실률이 늘어나고 유효수요가 적어져 부동산 판매를 할 때 좋은 조건으로 판매하지 못하고 애를 먹는 경우가 발생하기 때문이다.

반대로 10년 전만 해도 좋지 않았던 동네가 젠트리피케이션 과정에서 고급 주택이 들어서고 상류층의 사람들이 다시 그 지역으로 들어가는 경우가 발생하기도 한다. 이런 경우에는 공실률이 줄어들고 부동산 가치가 다시 올라가게 된다.

따라서 미국 내의 전반적인 인구의 흐름과 더불어 투자하려는 지역을 좁히고 그 지역의 유효수요를 파악하기 위해서 그 지역의 '중간가구소득(Median Household Income)'을 파악해야 한다. 어떤 지역은 중간가구소득이 20만 달러가 되는 지역이 있는가 하면, 어떤 지역은 중간가구소득이 1만 달러에도 미치지 않는다. 이는 미국 부동산 투자 진입 시 미래의 자산가치를 위해 유효수요를 확인하는 좋은 지표가 될 수 있다.

코로나 이전부터 미국에서는 기관 투자자나 일반 투자자들의 움직임이 1선 도시에서 2선 도시로 향하고 있었다. 그 이유는 간단하다. 바로 인구가 2선 도시로 몰리고 있었기 때문이다. 부동산 시장에서 수요가 몰리는 곳에 당연히 부동산 개발업자나 투자자가 몰릴 수밖에 없다. 바로 거기에 기회가 많다는 얘기다.

그렇다면 왜 사람들이 2선 도시로 몰리는 걸까?

쉽게 말하자면 살기가 좀 더 좋아지기 때문이다. 이런 2선 도시에는 먼저 기업들이 들어오고, 거기에 따라서 일자리가 늘어난다. 이어서 주택시장 동향, 임대료, 경제 의존도, 기후조건, 안전성 등이 개선되면서 질 좋은 삶의 조건을 찾아 사람들이 더 많이 이전해온다. 여기서 사람들이 몰리는 가장 중요한 이유는 바로 질 좋은 삶의 영위라고 볼 수 있다. 통계상으로도 질 좋은 삶을 위한 이주가 최우선으로 되어있다.

코로나 이후, 이러한 움직임은 더욱 가속화되었다, 뉴욕, 샌프란시스코, 로스앤젤레스와 같은 1선 도시에서 인구가 빠지는 현상이 더욱 가속되었고, 애틀랜타, 오스틴, 댈러스, 피닉스, 라스베이거스와 같은 2선 도시에 더욱 인구가 몰리게 되었다, 코로나로 인한 안전성 추구, 산불과 같은 자연재해 회피, 높은 집값과 임대료 탈피 등이 그 이유로 꼽히고, 특히 가장 두드러지는 것은 경제성으로 볼 수 있다.

나도 부동산 시장 현장에서 일하며 이 모든 흐름을 직접 겪을 수 있었다. 2020년 3월 미국에서 팬데믹 발표 이후 수많은 구매자나 투자자들이 애틀랜타에 모였고 부동산 거래도 폭증했다. 이들 중 절반은 이주가 목적이었고 절반은 투자를 위해서였다. 그리고 그들 대부분이 캘리포니아나 뉴욕에서 몰려온 이들이었다. 왜 그런 현상이 벌어졌을까? 캘리포니아나 뉴욕에 비하면 매우 낮은 집값, 집값에 비해 높은 임대료가 이유였다. 실제로 2선 도시의 집값은 1선 도시보다 2배에서 3배가 저렴한 데 비해, 인구의 유입이 많아 임대료는 높은 편이다.

캘리포니아나 뉴욕의 주택 가격은 저렴하다고 해도 90만 달러에서 110만 달러 정도인데, 젊은 밀레니얼 세대가 처음 집을 장만하거나 투자하는 진입 장벽이 크다는 뜻이다. 고로 똑똑한 밀레니얼 세대는 이미 2선 도시에 투자를 시작하고, X세대들은 투자의 확장을 위해, 베이비붐 세대는 좀 더 높은 임대수입으로 편안하게 은퇴하기 위해 2선 도시에 많이 투자한다.

한국 거주자가 미국 부동산 투자를 고려할 땐, 미국 내 현재의 인구 흐름, 수요와 공급뿐만 아니라 한국인의 특수성으로 인해 미국 내 한인들이 많이 분포하는 지역을 중요시할 수밖에 없다. 미국 부동산 시장의 변화를 이해하면서 미국 내 한인들의 인구의 움직임과 변화를 살펴본다면 좀 더 완벽한 기회를 가질 수 있을 것으로 본다.

▶ 2019년 한국 인구 기준 미국 대도시 지역 상위 10곳

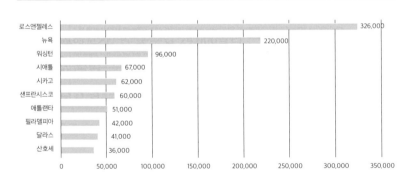

출처 : 퓨 리서치 센터(Pew Research Center)

▶ 미국 한인 이민자의 주요 목적지(2015 ~ 2019년

출처 : MPI tabulation of data from the U.S. Bureau pooled 2015-19 ACS

▶ 미국 수도권별 한국 출생 외국인 집중도(2015 ~ 2019년)

Metropolitan Area	Immigrant Population from the Korean Peninsula	% of Metro Area Population
Los Angeles-Long Beach-Anaheim, CA Metro Area	211,000	1.6%
New York-Newark-Jersey City, NY-NJ-PA Metro Area	140,000	0.7%
Washington-Arlington-Alexandria, DC-VA-MD-WV-Metro Area	59,000	1.0%
Seattle-Tacoma-Bellevue, WA Metro Area	39,000	1.0%
Chicago-Naperville-Elgin, IL-IN-WI Metro Area	36,000	0.4%
Atlanta-Sandy Springs-Alpharetta, GA Metro Area	34,000	0.6%
San Francisco-Oakland-Berkeley, CA Metro Area	30,000	0.6%
Philadelphia-Camden-Wilmington, PA-NJ-DE-MD Metro Area	24,000	0.4%
Dallas-Fort Worth-Arlington, TX Metro Area	23,000	0.3%
San Jose-Sunnyvale-Santa Clara, CA Metro Area	21,000	1.1%

출처 : MPI tabulation of data from the U.S. Bureau pooled 2015-19 ACS

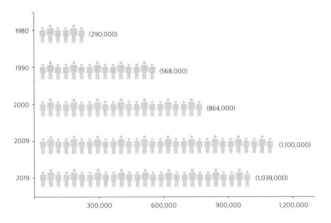

1980 (290,000)
1990 (568,000)
2000 (864,000)
2009 (1,100,000)
2019 (1,039,000)

300,000 600,000 900,000 1,200,000

출처 : MPI tabulation of data from the U.S. Bureau pooled 2015-19 ACS

　　미국 내 한인 인구 분포나 이민과 관련된 미국 정부 기관 자료들은 표본을 바탕으로 통계치를 추산한 것이기 때문에 실제로 차이가 있을 수 있다. 미국 내 한인 인구도 훨씬 많아서 숫자 단위 또한 크게 다를 수 있지만, 전반적인 한인들의 인구 흐름을 파악하기 위해서는 도움이 될 것이다.

　　외국인 부동산투자협회(Association of Foreign Investors in Real Estate)가 매년 실시하는 설문조사에 따르면, 2011년부터 세계 5대 도시 중 하나였던 샌프란시스코는 11위로, 워싱턴 DC는 지난해 15위에서 25위로 떨어졌다고 한다. 또한, 이젠 뉴욕시도 더는 외국 투자자들에게 매력적인 1위 도시가 아니라고 한다. 로스앤젤레스 또한 마찬가지다.

요약하자면, 한국 거주자로서 미국 부동산 투자 대상으로 고려해볼 만한 곳은 애틀랜타, 오스틴, 댈러스, 피닉스, 라스베이거스 등이 될 것이다. 만약 거주를 목적으로 하는 경우나 사적인 특수성으로 미국에 집을 구매하는 경우라면 로스앤젤레스, 시애틀, 애틀랜타, 오스틴, 댈러스, 피닉스, 라스베이거스 어디든 다 괜찮을 수 있다.

또한, 한국인 인구의 흐름을 보는 것도 중요한 잣대가 될 수 있다. 미국 내 거주하는 한인들은 보통 좋은 동네, 좋은 위치, 좋은 학군, 편리한 교통, 좋은 생활환경 등을 다 고려해서 거주지를 정하고 투자를 한다. 그러므로 미국 내 한인들의 움직임을 살펴보는 것도 중요할 수 있을 것이다. 이외에도 미국 내의 인구의 흐름을 파악하기 위해서 알아야 하는 부분은 무엇일까?

첫째, 미국 전국 평균치 이상으로 일자리를 창출하는 지역인지, 현재와 미래에 예상되는 인구 증가율도 전국 평균 이상인지, 살펴봐야 할 것이다.

둘째, 최근 건축 허가 건수와 현재 신규 부동산 건설이 활발한지, 그리고 미래의 부동산 개발이 얼마나 성장할 수 있는지, 살펴봐야 한다. 이는 앞으로 인구가 계속 유입될 가능성을 예상해볼 수 있는 지표가 된다.

셋째, 주 정부나 지방 정부 차원에서 부동산 투자와 성장을 북돋우고 도와주는지, 아니면 까다로운 규정으로 부동산 투자를 제한하는지, 그 여부를 살펴봐야 한다.

넷째, 주택 가격 대비 임대료 비율을 사용하여, 중간임대료와 비교해서 중간주택가격이 높게 형성되는지 아닌지를 파악할 필요가 있다. 주택 매입이 어려운 지역에서는 세입을 원하는 사람의 수가 더 증가하여 임대료가 올라가는 경향이 있기 때문이다. 임대료가 올라가는 것은 현금흐름이 좋아지는 걸 의미하기 때문에 투자자에게 유리하다.

다섯째, 부동산 시장에 나오는 신규 주택이 매매 또는 임대되는 데 걸리는 시간을 체크하자. 이 기간이 길어질수록 유효수요가 적고 주택 공급량이 많을 수 있는데, 이는 판매자들이 다른 지역으로 이동하는 경우가 유입되는 경우보다 더 많다는 뜻으로 짐작할 수 있다. 이런 경우에는 수요와 공급의 법칙에 따라 점차 부동산 가격이 하락한다.

미국 부동산이 답이다

여섯째, 임대 공실률이다. 현재 지역시장의 임대 공실률이 유사한 시장의 전체 평균 공실률과 비교하여 공실률이 클 경우는 유입되는 인구가 부동산 공급에 비해 적다는 것을 짐작할 수 있다.

어번 랜드 인스티튜트(Urban Land Institute)는 2022년의 전망이 전반적으로 좋은 부동산을 조사한 보고서에서 상위 10개 시장의 리스트를 발표했으며, 리얼터닷컴(Realtor.com)은 전년 대비 부동산 매출과 가격 상승을 기반으로 부동산 트렌드를 조사한 후, 부동산 투자자가 주목해야 할 2022년 미국 내 떠오르는 주택 10대 시장을 발표했다. 다음은 어번 랜드 인스티튜트와 리얼터닷컴이 발표한 2022년 미국 내 최고의 10대 주택시장 리스트다.

조지아주 애틀랜타, 테네시주 내쉬빌, 노스캐롤라이나주 샬럿과 롤리(Raleigh), 애리조나주 피닉스, 텍사스주 오스틴과 댈러스, 플로리다주 탬파, 워싱턴주 시애틀, 매사추세츠주 보스턴

그렇다면, 위의 부동산 시장은 어떤 섬이 득별해서 '최고' 리스트에 포함되었을까?

첫째, 주택 건설 전망이 활발한 시장이다. 이러한 전망이 가장 좋은 시장은 지역 사회가 더 많은 사람과 일자리를 유치함에 따라 새

로운 개발 및 성장을 위해 저렴한 토지가 충분하게 있는 시장이다. 예컨대 애틀랜타, 롤리, 샬럿. 탬파, 피닉스, 댈러스, 오스틴, 덴버(콜로라도주) 등이 이 시장에 속한다.

둘째, 자석 같은 매그닛(magnet) 시장이다. 미국 도시 평균 성장률보다 빠르게 성장하여 사람과 회사 모두를 자석처럼 끌어당기는 도시 시장이다. 애틀랜타, 오스틴, 보이시(아이다호주의 주도), 샬럿, 댈러스, 휴스턴, 탬파, 샌디에이고, 피닉스 등이 이런 시장에 속한다.

셋째, 튼튼하게 자리가 잡혀 확립된(established) 시장이다. 이런 시장은 오랜 세월에 걸쳐 부동산 투자나 개발, 재개발해 온 경우로 이미 부동산 시장이 확립된 대도시 시장이다. 따라서 미래의 부동산 투자 기회가 그리 많지는 않다. 보스턴, 시카고, 로스앤젤레스, 뉴욕의 맨해튼, 샌프란시스코, 워싱턴 DC, 뉴저지 북부, 캘리포니아주의 오렌지 카운티 등이 이런 시장에 속한다.

앞에서 설명한 것처럼 인구와 일자리 증가는 현금흐름을 극대화할 수 있고 자산가치를 상승시키는 데 있어 매우 중요한 요소다. 따라서 미국 부동산 투자 지역을 선정하기 위해서는 반드시 미국 내 인구의 흐름을 파악해야 한다.

2. 미국 부동산 투자, 무엇을 고려해야 할까?

미국 부동산 투자를 계획하고 있는 투자자가 있다면 과연 무슨 요인들을 고려해야 하는지 생각이 여러 갈래일 것이다. 내 나름으로 미국 부동산 투자를 위해 반드시 고려해야 할 5가지 요소를 정리해 보았다.

a) 어느 지역의 부동산에 투자할 것인지 선택하기 위해서는 먼저 미국 내 사람들의 움직임을 파악해야 한다. 현재 미국의 사람들은 어디로 움직이고 있는지 어느 지역이 인구가 빠지고 어느 지역에 인구가 유입되는지 파악해야 한다.

그런 다음 투자 지역이 정해지면, 그 투자 지역 안에서도 특히 어디에 인구가 유입되고 어디에서 인구가 빠지는지를 살펴보아야 한다. 부동산은 지극히 지역적(local)인 자산이기 때문에 그 지역 전문가의 도움이 필요하다. 미국 내 유명한 부동산 투자 기업들조차 자신들의 전문지역 이외에 투자할 때는 그곳 전문가의 도움을 받는다. 미국 내에서는 이러한 인구의 움직임을 이삿짐 기업의 데이터를 통해서도 쉽게 접하기도 한다.

▶ 화물 운송 전문 기업의 데이터에 기반을 둔 미국 주택 구매자의 이동

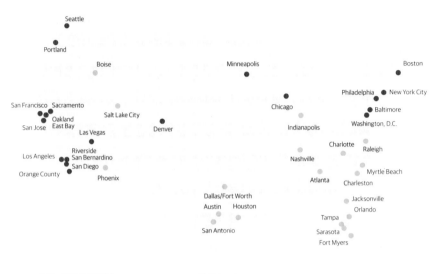

출처 : 존 번즈 부동산(John Burns Real Estate) 및 U-haul

● 인구 유입 지역　　● 인구 유출 지역

한국인의 특수성을 고려하면 미국 내 한인의 인구 흐름을 보는 것도 중요한 잣대가 될 수도 있다. 앞에서 설명했듯이, 한인들은 대개 동네, 위치, 학군, 교통, 생활환경 등을 다 따져서 거주지를 정하고 투자하기 때문이다.

b) 미국 현지 부동산의 트렌드를 읽어야 한다. 그런 트렌드는 어느 유형의 부동산에 투자해야 하는지, 도심지인지, 외곽지역인지 등

의 결정을 하는 데에 도움이 될 수 있다. 또한, 투자하고자 하는 부동산 유형이 정해지면 반드시 그 유형을 전문으로 취급하는 전문가의 도움을 받는 게 좋다. 부동산의 영역은 너무나 광범위하므로, 내가 투자하려는 부동산 유형에 특화된 전문가의 도움은 필수다.

c) 미국 부동산 투자를 원한다면, 부동산 시장 사이클과 금융 사이클에 민감해야 한다. 특히 외국인의 미국 투자는 환율의 영향이 크다. 따라서 환율의 변동에 따른 투자 전략도 반드시 세워야 할 것이다. 환율의 움직임으로 인해 투자수익률이 크게 달라질 수 있기 때문이다.

d) 미국 부동산 투자 핵심원리인 '미국 부동산 매트릭스'를 반드시 이해해야 한다. 그리고 반드시 전문가의 도움을 받는 게 중요하다. 여느 투자와 마찬가지로, 미국 부동산 투자에도 정해진 불변의 공식 따위는 없다. 나 자신의 재무 상황과 투자 성향을 정확히 이해한 다음, 투자 대상이 될 수 있는 다양한 부동산 물건을 생각할 수 있는 모든 각도에서 연구 조사하고, 그 지역의 특수성과 미래 전망을 고려함과 동시에, 누릴 수 있는 모든 도움과 혜택을 활용하여 슬기롭게 결정하는 것이 바로 최고의 투자 방식일 것이다.

e) 위험하지 않은 투자는 없다. 어떤 투자든 어느 정도의 용기, 어

느 정도의 위험 무릅쓰기가 필요하다는 의미다. 다만, 미국 부동산 투자의 첫 단계에서는 가장 안정적인 부동산 유형으로 시작하고 자금에 무리가 가지 않는 선에서 '적절히 용감하고 적절히 신중하게' 임하기를 추천한다.

미국 부동산이 답이다

초판 1쇄 인쇄 2022년 12월 16일
초판 2쇄 발행 2023년 1월 20일

지은이 | 김효지
펴낸이 | 권기대
펴낸곳 | ㈜베가북스

주소 | (07261) 서울특별시 영등포구 양산로17길 12, 후민타워 6~7층
대표전화 | 02)322-7241 팩스 | 02)322-7242
출판등록 | 2021년 6월 18일 제2021-000108호
홈페이지 | www.vegabooks.co.kr **이메일** | info@vegabooks.co.kr
ISBN 979-11-92488-17-2 (03320)